U0368141

职业教育国际邮轮乘务管理专业
国家级教学资源库系列配套教材

内河游船
运营与管理

李风雷　江艳刚　王　玲　主编

化学工业出版社

·北京·

内容简介

本书是国家级职业教育专业教学资源库"国际邮轮乘务管理"子项目"内河游船运营与管理"配套教材，旨在引导读者了解内河游船运营与管理基础知识，掌握游船的发展历程、现状及未来趋势，游船产品类型及特征，游船餐饮、客房、前台、康乐等对客服务，船岸连接服务，营销及资产管理，安全与生态管理，客户关系管理等内容。本书由教研团队联合企业技术精英共同编写，书中配套二维码，扫码可观看授课视频及动画资源。

本书可作为高等职业教育邮轮乘务管理专业教材或参考书籍使用，亦可作为企业、行业培训教材，还可以作为内河游船爱好者的阅读书籍。

图书在版编目（CIP）数据

内河游船运营与管理/李风雷，江艳刚，王玲主编 . —北京：
化学工业出版社，2023.9
ISBN 978-7-122-43632-0

Ⅰ.①内… Ⅱ.①李… ②江… ③王… Ⅲ.①旅游船-
旅游服务-高等职业教育-教材 Ⅳ.①U695.1

中国国家版本馆CIP数据核字（2023）第104753号

责任编辑：王 可　　　　　　　　　　　　文字编辑：罗 锦　师明远
责任校对：李 爽　　　　　　　　　　　　装帧设计：张 辉

出版发行：化学工业出版社（北京市东城区青年湖南街13号　邮政编码100011）
印　　刷：北京云浩印刷有限责任公司
装　　订：三河市振勇印装有限公司
787mm×1092mm　1/16　印张12　字数312千字　2024年2月北京第1版第1次印刷

购书咨询：010-64518888　　　　　　　　　　售后服务：010-64518899
网　　址：http://www.cip.com.cn
凡购买本书，如有缺损质量问题，本社销售中心负责调换。

定　　价：38.00元

前言

　　随着后工业社会的来临，消费主义、休闲文化逐步兴起，河流旅游为满足后现代游客追求独特体验的需要提供了一种很好的选择，而游船则是这种旅游方式的有效载体。20世纪60年代，欧洲内河游船业就进入了大众消费时代。我国内河水运网络体量和市场需求远大于欧美发达国家，从长期来看，随着我国人民消费能力进一步提升，内河游船市场需求逐步旺盛，游船产品的个性化和高端化是未来发展的趋势，内河游船市场将会是邮轮经济重要的增长点。

　　本书主要立足长江内河游船发展情况，按项目化教材形式编写，理论与实际相结合。

　　本书由李风雷、江艳刚、王玲担任主编，邢卫平、马可、王希娟、金运华担任副主编，张军、龙淮轩参与编写。项目一、项目二由江艳刚编写，项目三由马可编写，项目四由王玲编写，项目五由金运华编写，项目六、项目九由李风雷编写，项目七由邢卫平编写，项目八由王希娟编写。宜昌交运长江游轮有限公司徐丽娜主审。

　　在编写过程中，我们参考了国际邮轮乘务管理的相关教材和大量内河游船运营与管理的著作、论文及案例，从中汲取了有益的学术成果，在此一并表示感谢。由于经验有限，难免存在疏漏，敬请专家、同仁批评指正！

编　者

2022 年 5 月

目录

项目一 内河游船运营与管理认知

对于邮轮是在什么时候产生的，学术界颇有争议，说法不一，但比较趋同的观点是 1837 年英国铁行轮船公司（P&O）创办海上客运兼邮件运输业务，标志着世界邮轮的诞生。游船是主要用于搭载乘客从事短途旅行、参观、游览活动的各类客运机动船只的统称（一般体积不大，便于在湖泊、河流上行驶和停泊）。内河游船是主要在江、河、湖泊航行的游览性质的船舶，世界上有很多著名的内河旅游航行线路，比如中国的长江流域，欧洲的莱茵河、多瑙河等。

任务1　认识内河游船

 任务简介

1. 任务描述

掌握内河游船的概念和内涵。

2. 任务要求

分析内河游船概念标准，区分邮轮与游船。

3. 学习目标

（1）知识目标：学会内河游船的概念和内涵；熟悉内河游船的标准要求。

（2）能力目标：能按照内河游船标准，分析游船的运营环境。

（3）素养目标：具有良好的表达能力、沟通能力与分析能力。通过了解中国游船经济在行业中的地位，提升学生制度自信与文化素养。

 **知识储备**

邮轮经济是旅游业中利润最高的行业之一，在过去几年中越来越受欢迎。中国邮轮虽然起步较晚，但邮轮旅游业发展较快，各大国际邮轮公司纷纷在中国设立分公司，中国已成为亚太地区邮轮航线的重要始发港和环球航线的重要挂靠港，2019 年全国邮轮出入境游客合计 4164599 人次。根据邮轮国际协会（CLIA）2016 年的统计数据，超过 1100 万美国乘客在美国进行了邮轮度假。

本书为了区分邮轮、游轮、内河游船，让读者更好理解其本质含义，特作如下规定：

"邮轮"是指特定历史时期的以长途国际客运为目的的跨洋班轮船只，如图 1-1 所示。

图1-1　海上邮轮

"游轮"是指在海洋、内河上巡游而不是以纯运输为目的的船只。

"内河游船"是指在内河以欣赏沿岸自然风光及历史文化古迹为目的，航行距离相对较短，以最普遍的绕圈和往返方式行驶，起点港也是终点港的游船，如图 1-2 所示。

图1-2　内河游船

M1-1 内河
游船的
概念

M1-2 内河
游船概念
分析

内河游船旅行起源于西方。19 世纪工业革命后，坐船游河成了欧洲王宫贵族间的新风尚，也是一种尊贵身份的象征。如今，顶级内河游船不再是只有贵族才能享受，它已经成了一种新兴的滨水休闲度假旅游方式，在世界知名的大河流上都有游轮公司提供的航线。内河游船因其深入沿途景点的特性，而顺理成章地为喜欢深度探寻景点的游客提供了最方便的旅行方式；大多数文明是沿河流发展演化而来，这些河流都在流域文明发展中发挥了重要作用，常常被人类称作"文明发展的摇篮"或"母亲河"，内河游船成为侧重于历史与文化深度探寻的最佳载体，因此，内河游船成为探寻历史古迹、文明起源的一种重要旅行方式。我国在改革开放之后，随着旅游业的快速发展，内河游船观光游应运而生，特别是近年来，我国长江航线的游船发展迅速，无论是船只数量还是装修豪华程度都呈几何级增长，展现出了内河游船海洋化、船型尺度大型化、装修风格多样化、功能布局多元化、设计理念创新化、环保低碳绿色化等特点。

 **知识拓展**

客船发展简史

最早的远洋船主要关心的不是乘客，而是运载的货物。

1818年，纽约的黑球航线公司是第一家提供从美国到英国的定期航班服务并关心乘客舒适的航运公司。

19世纪30年代，轮船被引进并主导了跨大西洋的客运和邮件运输市场。当时，英国公司在市场上占据主导地位，英国和北美皇家邮政蒸汽船成为（后来的Cunard系列）所有船只中的领头羊。

1840年7月4日，第一艘以Cunard命名的船只不列颠尼亚号（Britannia）带着一头牛离开利物浦，在14天的跨大西洋航行中为乘客提供新鲜牛奶。

19世纪50～60年代，乘客的航行质量有了显著的提高。船舶开始只为乘客服务，而不是运送货物或邮件，其间增加了电灯、更多甲板空间和娱乐等"奢侈品"。1867年，马克·吐温是第一艘从美国出发的邮轮上的乘客，在《海外的无辜者》一书中记录了他六个月的旅行经历。

19世纪80年代，英国医学杂志 *British Medical Journal* 认可了用于治疗目的的海上航行，这进一步鼓励了公众乘坐休闲游轮和跨大西洋旅行。船只甚至开始把驾驶舱作为客舱运送移民到美国。在驾驶舱，乘客可以在舱内任何可用空间睡觉。

到了20世纪初，超级客轮的概念已经形成，德国邮轮公司在这些"大型华丽的浮动酒店"开发方面引领了市场。对班轮的设计试图尽量减少海上旅行的不适，通过优雅的住宿和有计划的活动，尽可能忽略在海上颠簸以及偶遇极端天气的情况。毛里塔尼亚号和卢西塔尼亚号均为英国卡纳德航运公司所有，它们开创了准备晚餐的传统，并宣传航行的浪漫。

20世纪60年代见证了现代邮轮工业的开始。有邮轮公司专注于加勒比海的度假旅行，并创造了一个"有趣的船"的形象，吸引了那些从来没有机会乘坐19世纪30～40年代超级客轮的乘客。邮轮开始专注于创造休闲环境和提供广泛的船上娱乐，船舶运送人员到特定目的地的作用有所下降；相反，重点是航行本身。随着1977—1986年的美国电视连续剧《爱之船》的流行，邮轮的新形象得以巩固。

知识检测

1. 填空题

（1）游船有两种称呼分别是＿＿＿＿＿＿和＿＿＿＿＿＿。

（2）邮轮被称作＿＿＿＿＿＿和＿＿＿＿＿＿，是世界旅游休闲产业不可或缺的一部分。

2. 名词解释

（1）内河游船的概念。

（2）邮轮的概念。

❈ 任务实施

1. 实训目标

了解邮轮和游轮的区别，掌握内河游船的概念。

2. 实训内容

以小组为单位，讨论邮轮向游轮转变的历史条件。

3. 实训资料

参考国家级职业教育专业教学资源库"国际邮轮乘务管理"子项目"内河游船运营与管理"。

4. 实训注意事项

小组的合理分配、人员的构成、有效资料的收集。

5. 实训步骤

（1）实训准备。按规定准备资料、分组，分配角色。
（2）分组讨论。根据安排内容进行小组讨论。
（3）总结记录。做好记录，并进行分析、总结。
（4）教师点评。对部分小组现场点评。

6. 实训评价

学生自评

序号	技能自评内容	评价标准	达标	未达标
1	准备工作	能够按照规定准备相关工具、分组、分配角色，有条不紊，安排有序		
2	实施工作	是否能够充分的讨论、对知识点掌握的熟练程度		
3	总结工作	得出结论是否条理清晰，表述准确，符合教学要求		
序号	素养自评内容	评价标准	达标	未达标
1	协作意识	团队分工明确，沟通顺畅，共同完成实训任务		
2	职业道德	能够严格遵守实训要求，按照场景要求分组；团体合作意识；采用适用的讨论方法		
3	工匠精神	操作严谨、规范，能对内容准确分析		
4	创作精神	提出具有可行性建议		

教师评价

序号	技能评价内容	评价标准	达标	未达标
1	准备工作	能够按照规定设计、分组、分配角色，有条不紊，安排有序		
2	实施工作	各小组学生是否按照要求进行讨论，实施过程是否规范		
3	总结工作	各小组结论是否符合要求，具有实际指导意义		
序号	素养评价内容	评价标准	达标	未达标
1	协作意识	团队分工明确，沟通顺畅，共同完成实训任务		
2	职业道德	能够严格遵守实训要求，全程参与指导		
3	工匠精神	操作严谨、规范，能对内容准确分析		
4	创作精神	提出具有可行性建议		

课后提升

案例：邮轮度假旅游产品的优势

　　超大邮轮的出现，让游客在大海上如履平地，它可以选择合适的航线，可以避开恶劣的天气，最大限度满足客人体验感，这种邮轮旅游度假产品正在成为游客的新宠。邮轮度假旅游产品能够给客人带来哪些不一样的体验感受呢？首先是沉浸式体验，可以融入顶级的百老汇风格的表演中，享受一系列世界级餐饮。其次是有趣，邮轮上活动会带来不一样的乐趣，孩子进行水上运动，自己可以打高尔夫球、在水疗中心放松。再次是水景，可以欣赏到令人惊叹的海景、湖景等水域景观，还可以在甲板上远眺大海和凝视星空。还有远足和冒险，可以探索停靠的港口，体验不同地方的文化和美食。最后是丰富历程的体验，在加勒比海巡航时，可以在10天内游览阿鲁巴、博内尔、格林纳达和巴哈马；在南美邮轮上，可以游览异国情调的里约热内卢，探索哥斯达黎加利蒙的雨林，并在智利圣地亚哥品尝令人陶醉的葡萄酒。

　　思考题：你认为邮轮度假会成为我国休闲度假旅游产品的新爆品吗？

任务2　熟知内河游船的分类与特征

任务简介

　1. 任务描述

完成内河游船的特征认知和内河游船的不同分类。

　2. 任务要求

知晓内河游船的分类依据，了解内河游船特征。

　3. 学习目标

（1）知识目标：学会内河游船的分类和特征。

（2）能力目标：能够根据内河游船的不同标准划分不同种类。

（3）素养目标：具有良好的分析能力、识记能力。通过了解丰富的内河游船种类，提升学生专业自信和兴趣。

知识储备

　　船舶作为水域交通工具，自古在人类智慧创造下，被制造成各种形式，适用于不同的生产和生活环境。第一次工业革命后，各种新型的、吨位更大、技术更先进的船舶陆续投入使用，进一步丰富了船舶种类。

　1. 船舶的分类

　　如今世界上船舶种类繁多，且在不断发展进行中，一般情况下，按现有船舶的类型和功能等，可以划分为如下几种。

　　① 按航行区域划分，可分为内河船舶、海洋船舶。

　　② 按功能用途划分，可分为客船、货船、客货船、救助船、工程船、渔船、军

用船舶等。

③ 按载物类别划分，可分为干散货船、集装箱船、滚装船、危化品船等。

④ 按豪华程度划分，可分为普通邮轮、豪华邮轮等。

⑤ 按能源动力划分，可分为燃油船舶、电动船舶。

2. 内河游船的分类

在内河游船研究和实际工作中，经常根据研究和工作的目的将内河游船按不同的标准划分为不同的类型。下面介绍几种常见的内河游船类型的分类方法。

① 按照星级标准分类，根据我国《内河旅游船星级的划分与评定》（GB/T 15731—2015）内河旅游船划分为五个星级，即一星级、二星级、三星级、四星级、五星级。星级越高，表示旅游船的服务等级越高。星级的划分以内河旅游船的装饰、设施、设备及管理、服务水平、旅游者满意程度为依据，具体的评定办法按旅游船设施设备评定细则、设施设备的维修保养评定细则、清洁卫生的评定细则、服务质量的评定细则及宾客意见评定细则执行。

② 按消费水平分类，分为经济型内河游船、标准型内河游船、豪华型内河游船。

③ 按航行距离分类，可分为短途内河游船、一日游内河游船、中长途内河游船（3天以上）。

④ 按游览方式分类，可分为夜游内河游船和白天内河游船。

⑤ 按地理范围分类，可分为市域内河游船、省域内河游船、跨省域内河游船。

⑥ 按航道水域分类，可分为长江内河游船和其他湖泊内河游船。

M1-3 内河游船的分类

3. 内河游船的特征

内河游船不同于邮轮，主要是在旅游领域内，在内河航道上从事旅游线路航行的船舶，其特点随着我国旅游业和制造业的发展，呈现出新的特性。

① 体量越来越大。现代邮轮作为游客旅游度假活动的重要载体，其规格大小和设施配备是影响游客体验的主要因素。尽管规格大小不同，现代邮轮的主要结构却大同小异，业界和国家制定了一些通用的衡量标准。相比海上邮轮，内河游船在航速、吨位、船体长度等方面有一定限制，但目前一般新船打造都在15000t左右，长度达到149.9m，最大限度接近内河游船制造的最高限标。

② 载客量越来越大。一般吨数大的邮轮载客量也大，吨数小的邮轮载客数则较少。载客量的多与少并没有绝对的优缺点，需要根据船上的设施及空间来评估；乘客多会让邮轮显得热闹，同时会造成拥挤、需要排队的情况，尤其是在用餐时间或游客岸线参观上下船时。邮轮的空间有限，若载客数量过多，会造成拥挤的状况，不论是在舱房或公共空间中都会令人感到不舒服，从而影响旅游度假的质量。因此，在邮轮的舒适评比中，每位乘客平均所能使用的空间大小就显得重要。一般来说，乘客的平均空间比例（吨数／乘客数）评价如表1-1。

表1-1 乘客平均空间比例

平均空间比例	<10	10～20	20～30	30～50	>50
评价	十分拥挤	尚可，但密度略高	合理的空间比	宽敞舒适	十分宽敞自在

随着旅游业快速发展，在每年十一黄金周和节假日期间，内河游船一票难求，为了满足载客需求，在保证空间足够的情况下，内河游船尽可能加大载客量，目前长江三峡航行的新游船，一般载客量达到 500 ~ 600 人的规模。

③ 服务越来越优质。衡量邮轮的服务质量要看乘客和服务人员的比率。通常的比率是 3∶1，而这个比值越小则说明服务质量越高，即一个服务人员对应的客人越少，服务质量越高。邮轮上的服务没有等级之分，每位乘客在船上都可以平等地使用所有的设施，都能平等地享受到相同的服务，比如餐食、饮料、娱乐。服务质量还体现在服务品质上，绝对不会因为舱房的价格而有所区别。邮轮行程中，待在船上的时间较长，因此，邮轮必须能提供充足的食物、足够的活动空间及娱乐设备，并满足不同层次及族群的娱乐喜好，适时安排一些特别活动，让乘客能体验一个充满欢乐气氛的旅程。邮轮上良好休闲空间的必要性不言而喻，长江上内河游船的外形主题化，例如三国号、乾隆号，都以别具一格的外在形象吸引游客，而内部装修紧跟时代要求，追求豪华，被称作是移动的五星级旅游酒店。

M1-4 内河游船的特征

🌱 知识拓展

我国河船船龄标准（中华人民共和国交通运输部令2021年第13号）

船舶类别	购置、光租外国籍船船龄	特别定期检验船龄	强制报废船龄
一类船舶	10 年以下	18 年以上	25 年以上
二类船舶	10 年以下	24 年以上	30 年以上
三类船舶	16 年以下	26 年以上	31 年以上
四类船舶	18 年以下	28 年以上	33 年以上
其中黑龙江水系船舶	18 年以下	33 年以上	39 年以上
五类船舶	20 年以下	29 年以上	35 年以上
其中黑龙江水系船舶	20 年以下	35 年以上	41 年以上

📖 知识检测

1. 填空题

（1）船舶按航行区域可划分为_____和_____。

（2）内河游船按航行距离可划分为_____、_____和_____。

2. 简答题

（1）简述新时代内河游船的特征。

（2）简述内河游船如何体现服务质量。

✖ 任务实施

1. 实训目标

根据内河游船特征的基础认知，模拟设计新时代内河游船服务要求。

2. 实训内容

以小组为单位，实施以下任务：内河游船分类、内河游船高质量服务要求等。

3. 实训资料

参考国家级职业教育专业教学资源库"国际邮轮乘务管理"子项目"内河游船运营与管理"。

4. 实训注意事项

旅游服务相关知识的运用、角色的分配、安全事项。

5. 实训步骤

（1）实训准备。按规定准备资料、分组，分配角色。

（2）分组讨论。根据安排内容进行小组讨论。

（3）总结记录。做好记录，并进行分析、总结。

（4）教师点评。对部分小组现场点评。

6. 实训评价

学生自评

序号	技能自评内容	评价标准	达标	未达标
1	准备工作	能够按照规定准备相关工具、分组、分配角色，有条不紊，安排有序		
2	实施工作	是否能够充分的讨论、对知识点掌握的熟练程度		
3	总结工作	得出结论是否条理清晰，表述准确，符合教学要求		
序号	素养自评内容	评价标准	达标	未达标
1	协作意识	团队分工明确，沟通顺畅，共同完成实训任务		
2	职业道德	能够严格遵守实训要求，按照场景要求分组；团体合作意识；采用适用的讨论方法		
3	工匠精神	操作严谨、规范，能对内容准确分析		
4	创作精神	提出具有可行性建议		

教师评价

序号	技能评价内容	评价标准	达标	未达标
1	准备工作	能够按照规定设计、分组、分配角色，有条不紊，安排有序		
2	实施工作	各小组学生是否按照要求进行讨论，实施过程是否规范		
3	总结工作	各小组结论是否符合要求，具有实际指导意义		
序号	素养评价内容	评价标准	达标	未达标
1	协作意识	团队分工明确，沟通顺畅，共同完成实训任务		
2	职业道德	能够严格遵守实训要求，全程参与指导		
3	工匠精神	操作严谨、规范，能对内容准确分析		
4	创作精神	提出具有可行性建议		

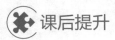 课后提升

案例：中国邮轮经济的快速发展

2017 年暑期，国内邮轮市场再掀热潮，携程邮轮平台数据显示，仅 7 月份，出行人次同比上涨近 30%，且我国邮轮游客呈现明显年轻化的趋势。根据近期发布的行业数据显示，中国已成为全球第四大邮轮市场。2016 年，全国各大邮轮港口共接

待邮轮 955 艘次，较 2015 年增长 65%，邮轮旅客出入境达 439 万人次，较 2015 年增长 82%。邮轮游客人数高速增长的背后是国内游客重新认知并且习惯邮轮慢生活观念的转变。

思考题：请你谈谈中国邮轮旅游经济快速发展的原因。

任务3　了解内河游船发展历程与现状

📋 任务简介

1. 任务描述
熟练介绍内河游船发展历程和现状。

2. 任务要求
熟记内河游船的发展历程和现状。

3. 学习目标
（1）知识目标：了解内河游船的发展历程和现状。
（2）能力目标：能够根据内河游船发展历程，分析现状发展的原因。
（3）素养目标：具有专业的职业素养，具备较好的专业基础。通过了解内河游船的发展历程，培养学生的工匠精神和专业认知能力。

📚 知识储备

1. 内河游船发展历程

内河游船是船舶发展到一定阶段，由于市场细分产生的结果。从史前时期的原始木筏和小船，到今天的高科技船舶，船舶经历了几千年的漫长演变，人类无穷的智慧和发明创造力，在船舶上得到了完美体现。无论是历史上的第一个小木筏，还是今天用钢铁和高新技术建造的大型船舶，都有一个共同点：它们是人类建造的最大的可移动建筑物。现代邮轮业兴起于 20 世纪 50 年代的北美，当时由于工业，特别是航空业的发展，迫使大型轮运公司必须为旗下的船只寻求新的用途，当发现人们对充满异域风情的旅行和探险抱有极大的兴趣，就逐渐将业务转向以休闲娱乐为主的邮轮业，尤其是随着人们的可支配收入和闲暇时间的增加，休闲意识的增强，促进了交通运输业向娱乐为目的的游船业方向发展。内河船舶的发展过程，也是工业进步的过程，内河船舶的发展大致经历五个阶段。

（1）舟筏时代

公元前 6000 多年左右，原始人就开始在一整段的木头上用凿和刨等方式制作简单的船只，也叫独木舟。最简单的船，由筏演变而来，具备了船的雏形。在中国，商代已造出有舱的木板船，汉代的造船技术更为进步，船上除桨外，还有锚、舵。

（2）帆船时代

据记载，远在公元前 4000 年，古埃及就有了帆船，中国使用帆船的历史也可以追溯到公元以前。从 15 世纪到 19 世纪中叶，是帆船发展的鼎盛时期：15 世纪初中

M1-5 帆船的故事

国航海家郑和远航东非，中国帆船是当时世界上最大、最牢固、适航性最优越的船舶；15世纪末，哥伦布发现新大陆，他们的船队都是由帆船组成（在帆船发展史中，地中海沿岸地区、北欧西欧地区和中国都曾作出重大贡献）；19世纪中叶美国的飞剪式快速帆船，则是帆船发展史上的最后一个高潮。不同地区的帆船，在结构、形式和帆具等方面各有特色，如图1-3所示。

图1-3　帆船

（3）蒸汽船时代

18世纪蒸汽机发明后，许多人都试图将蒸汽机用于船上。1807年，美国人富尔顿首次在克莱蒙特号船上用蒸汽机驱动装在两舷的明轮，在哈德逊河上航行成功。从此机械力开始代替自然力，船舶的发展进入新的阶段。至此，欧洲造船技术已处于国际领先地位，19世纪初，欧洲又出现了铁木船和钢铁船。

（4）柴油机时代

柴油机船问世后，发展很快，逐渐取代了蒸汽机船。第二次世界大战结束后，工业化国家经济的迅速恢复和发展，国际贸易的空前兴旺，中东等地石油的大量开发，促使运输船舶迅速发展。1892年德国人发明柴油机，20世纪初开始应用于船上。

（5）新能源电动船时代

我国电能充裕且来源丰富，新能源纯电动船舶运营期间节能减排效果好，可有效防治船舶大气污染、水污染，未来随着电池储能技术的发展，纯电动船舶将成为航运绿色清洁化发展的重要方向之一。20世纪，小型电动船就已经广泛应用，首批新能源纯电动船在2013年投入使用，随后经过多年研究和试点应用，纯电动船舶技术逐步成熟，新能源的广泛运用已成为大趋势。

2. 内河游船发展现状

我国内河流域很多，随着旅游业的发展，很多有内河水域资源的城市都相继开展了内河游船游览业务，本书主要介绍我国典型城市内河游船的发展现状。

游船在全世界具有悠久的历史，但其真正作为一种比较成熟的大众化旅游观光项目，是在20世纪60年代后的欧洲，而在我国是20世纪90年代后，经过近30多年的发展，一些水域资源丰富的城市如上海、广州、重庆、湖北宜昌等内河游船的发展已具有相当规模。

（1）上海黄浦江游船发展现状

上海是我国城市游船最早规模化发展的城市之一。上海作为国际化大都市，城市旅游资源丰富，黄浦江游船主营短途和夜游业务。2010年，上海黄浦江游船游客

M1-6 内河游船的发展历程

人数达到当时历史最高 444.5 万人次，是 2002 年游客人数的近 4 倍。2017 年，上海黄浦江游览人数为 339.68 万人次，仅次于世博会年（2010 年）。目前，上海共有 7 家主要游船公司，共经营 34 艘游船、约 12000 个客位，共有东方明珠、十六铺、秦皇岛路、其昌栈、白莲泾等 5 处码头。航线主要集中在黄浦江核心流域，即杨浦大桥与南浦大桥之间约 10 公里水域，主要游览外滩、陆家嘴等两岸景观，航程约 1 小时。开航时间每天从 11：00 到 22：00，白天游船航班间隔较长，夜间航班密度较高。2019 年试开了秦皇岛路码头到崇明岛的一日游航线。

（2）珠江游船发展现状

广州珠江游起始于 20 世纪 60 年代，几经关停和重开，规模始终不大。直至 1999 年广州市政府提出"使珠江成为广州的塞纳河"口号，珠江游重新发展起来。到 2010 年广州亚运会当年，广州珠江游览人数达到 184.78 万人次，较上年增长了 68.4%。亚运会后，广州珠江游人数继续保持较快增长，2018 年广州珠江游人数达到 335 万人次，与上海黄浦江游览人次规模相当。目前，广州主要有 5 家游船公司，共经营 29 艘游船、约 8500 个客位，有广州塔、大沙头、海心沙、天字等多处码头。航线主要集中在广州市区珠江黄金段：东游线为猎德大桥与江湾大桥之间约 10 公里流域，主要游览广州塔、珠江新城等现代城市景观；西游线为二沙岛与白鹅潭之间约 10 公里流域，主要游览沙面建筑群等近代景观。广州珠江游以夜游为主，白天游航线较少。

（3）长江沿线游船发展现状

长江是中国第一大河流，横跨中国东、中、西部，在历史上从没有断流的记录，长江主干流航道上自云南省水富港，下至上海市的入海口，全长 2838 公里，长江干流航道常年水深不低于 2.9m，可以保证大型游船一年四季自由航行，这样就使得长江三峡成为世界上唯一能通行大型内河旅游船游览的峡谷型风景区，从 2004 年 9 月开始，湖北省、重庆市为贯彻国家六部委《长江三峡区域旅游发展规划纲要》建立了定期跨省区协作协调机制，轮流办理中国长江三峡国际旅游节，从此长江游船发展驶入快车道。

① 省际游轮。截至 2018 年，长江干线 52 艘省际游轮中，高端游轮 33 艘，共 11283 个客位，占总客位 67.5%，平均船龄 11.9 年；经济型游轮 19 艘，共 5423 个客位，占总客位 32.5%，平均船龄 20.1 年。2018 年长江干线省际游轮总体情况如表 1-2 所示，高端游轮基本情况如表 1-3 所示。

表1-2　长江干线省际游轮总体情况

船舶分类项目		高端游轮	经济型游轮	合计
总体情况	艘数 / 艘	33	19	52
	客位 / 个	11283	5423	16706
	占总客位比例 /%	67.5	32.5	100.0
	平均船龄 / 年	11.9	20.1	14.9
运力结构 / 艘	客位 <200	5	11	16
	200 ≤客位 <300	8	5	13
	300 ≤客位 <400	5	4	9
	400 ≤客位	14	0	14

表1-3　长江沿线高端游轮基本情况

序号	公司名称	船型			
		船名	客位/个	长/m	宽/m
1	长江海外游轮旅游有限公司	长江壹号	222	103.8	16
2		长江贰号	452	139.05	19.6
3		维多利亚5号	162	87.5	14.4
4		维多利亚7号	154	87.5	14.4
5		蓝鲸	202	93.95	16.4
6	湖北东方皇家旅游船有限公司	长江探索	124	91.5	16.4
7	武汉扬子江游船有限公司	总统一号	186	90	17
8		总统二号	190	91.3	16.8
9		总统六号	374	135.2	19.6
10		总统七号	560	146.8	20.2
11		总统八号	560	146.8	20.2
12	重庆长江黄金游轮有限公司	长江黄金1号	349	136	20
13		长江黄金2号	570	149	24
14		长江黄金3号	570	149	24
15		长江黄金5号	570	149	24
16		长江黄金6号	570	149	24
17		长江黄金7号	446	136	20
18		长江黄金8号	446	136	20
19	重庆大美长江三峡游轮股份有限公司	华夏神女1号	234	92.23	18.8
20		华夏神女2号	400	119.8	18.8
21	重庆市东江实业有限公司	凯琳	216	89.4	16.4
22		凯珍	378	133.8	18.8
23		凯莎	216	89.4	16.4
24		凯蒂	264	98.6	15.2
25		凯娅	200	89.4	16.6
26		凯蕾	192	85.5	14.4
27		凯娜	266	106	16.6
28	重庆冠达游轮有限责任公司	世纪天子	319	126.8	17.2
29		世纪传奇	400	140.02	19
30		世纪神话	400	140.02	19
31		世纪宝石	270	108	16.8
32		世纪辉煌	326	126.8	17.2
33		世纪钻石	270	108.2	16.8

② 都市游轮。长江都市游轮主要承担重庆"两江游"、宜昌"两坝一峡"、武汉"滨江游"以及上海黄浦江游等航线的游览业务。从地区分布看，上海都市游轮最多，共34艘，1.20万个客位，占总客位的近50%；从运力结构看，客位数为300（含）～500的游轮数量最多，约占总数的46%。重庆经营"两江游"业务的公司3家，游轮8艘，近年市场呈爆发式增长，年增长30%以上，2017年接待游客207万，2018年接待游客235万，2019年接待游客达到300万。2018年都市游轮基本情况

如表 1-4 所示。据调研，都市游轮船龄普遍不高，截至 2018 年，重庆都市游轮平均船龄在 5 年，除了 1 艘为 2003 年建成以外，其余均为 2010 年以后建成；宜昌都市游轮平均船龄也在 5 年，均为 2012 年以后建成。

M1-7 内河游船的发展现状

表1-4 2018年长江都市游轮基本情况表

船舶分类项目		重庆	武汉	宜昌	上海	合计
总体情况	艘数 / 艘	8	5	9	34	56
	客位 / 个	4500	3908	3798	12046	24252
	占总客位比例 /%	18.5	16.1	15.7	49.7	100.0
运力结构 / 艘	客位 <300	0	0	1	10	11
	300< 客位 <500	0	0	5	21	26
	500< 客位 <800	7	2	2	2	13
	800< 客位	1	3	1	1	6

 知识拓展

长江三峡游船发展历程

内河游船每小时 20 ~ 30 千米的航速特别适合旅游观光，不仅省却了旅游者跋山涉水的劳累，还减少了游客最为烦心的行李周转，更重要的是使游客得到舒适的生活享受和人文的高水准服务，这些优点为休闲旅游业提供了特别的机会，内河游船旅游也应运而生。我国内河游船的发展，因各地的经济发展情况、旅游发展程度存在较大差异，各地域内河游船发展不均衡，但是所有地区的内河游船发展时间节点均在改革开放以后，长江三峡内河游船的发展具有典型代表性，大致经历了四个发展阶段：

1. 交通观光旅游阶段（1979—1992 年）

这一阶段主要是水陆交通为主，旅游属性不是很明显，更多的是承担交通工具的功能，不仅为游客服务，同时也为一般乘客服务。该时期的内河游船顺江而下沿途经过重庆丰都、奉节、巫山，湖北宜昌、荆州、武汉，湖南岳阳，江苏南京，最终到达上海。从当时长江游船的航线可以看出其承载的交通运输功能。

2. 内河沿线观景主题游览阶段（1992—2005 年）

在 20 世纪 90 年代，长江三峡游船旅游发展进入快速期，内河游船从一般客船中彻底分离出来，形成与旅游景区、旅游码头、旅游企业相互融合发展的内河旅游市场。内河游船的装修、旅游服务、线路停靠等越来越专业化，但是到了 21 世纪初，一系列突发情况和旅游营销的失误为当时高速发展的内河游船按下了暂定键，1997 年长江三峡提出了"告别三峡游"、2002 年三峡大坝截流、2003 年五级船闸的建成和全国"非典"等在主观和客观上制约了内河游船的发展。

3. 内河沿线观景游与休闲旅游相结合阶段（2005—2011 年）

该阶段内河游船发展进入成熟期，以长江三峡游为代表的内河游船式旅游为大众所接受，并形成新的旅游热点，新建和扩建了专业旅游码头，打造了功能更齐全的内河新游船，对旅游市场进行了细分，旅游产品的营销、内容更加成熟和丰富，

长江三峡形成以人文旅游景观：三峡大坝—船闸—景区—移民新城等为主的多条精品旅游线路产品，在全国旅游市场上备受青睐。

4. 游轮目的地度假旅游阶段（2011 年至今）

这一时期的内河游船更加豪华，改变了过去以岸上旅游景观为主的内河游船模式，逐渐把游船打造成旅游目的地，鲜明有个性的游船外观，豪华大气的内部装修，齐全的游船设施、设备都很大程度提高了游船本身的吸引力，能够充分满足旅游者各种旅游需求。长江三峡拥有 13 艘 130m 以上超大型豪华游轮，高端休闲度假游轮旅游产品成为市场主流产品，从某种意义上说长江游轮正转变为长江邮轮。截至2020 年 7 月，该区域有长江游轮公司 14 家（省际游轮公司），仍在从事经营的有 13家，其中，豪华游轮公司 7 家，经济型游轮公司 6 家。目前在运行中的游轮共有 55艘，其中豪华游轮公司的游轮 35 艘，经济型游轮公司所属的游轮 20 艘。

M1-8 长江
三峡游船
发展现状

 知识检测

1. 单项选择题

（1）中国最早造出有舱的木板船的朝代是（　　　）。

A. 夏朝　　　　　　B. 商朝　　　　　　C. 周朝　　　　　　D. 秦朝

（2）在公元前 4000 年，最早出现帆船的国家是（　　　）。

A. 中国　　　　　　B. 法国　　　　　　C. 罗马帝国　　　D. 古埃及

（3）内河游船特别适合旅游观光的每小时航速是（　　　）。

A.20 ～ 30 公里　　　　　　　　　　B.10 ～ 15 公里

C.15 ～ 20 公里　　　　　　　　　　D. 20 ～ 25 公里

2. 简答题

（1）长江三峡内河游船的发展大致经历了哪几个发展阶段？

（2）简述内河游船发展历程。

 任务实施

1. 实训目标

了解内河游船的发展历程和现状。

2. 实训内容

以小组为单位，讨论内河游船发展现状的原因。

3. 实训资料

参考国家级职业教育专业教学资源库"国际邮轮乘务管理"子项目"内河游船运营与管理"。

4. 实训注意事项

注意相关资料的收集、安全事项。

5. 实训步骤

（1）实训准备。按规定准备资料、分组，分配角色。

（2）分组讨论。根据安排内容进行小组讨论。
（3）总结记录。做好记录，并进行分析、总结。
（4）教师点评。对部分小组现场点评。

6. 实训评价

学生自评

序号	技能自评内容	评价标准	达标	未达标
1	准备工作	能够按照规定准备相关工具、分组、分配角色，有条不紊，安排有序		
2	实施工作	是否能够充分的讨论、对知识点掌握的熟练程度		
3	总结工作	得出结论是否条理清晰，表述准确，符合教学要求		
序号	素养自评内容	评价标准	达标	未达标
1	协作意识	团队分工明确，沟通顺畅，共同完成实训任务		
2	职业道德	能够严格遵守实训要求，按照场景要求分组；团体合作意识；采用适用的讨论方法		
3	工匠精神	操作严谨、规范，能对内容准确分析		
4	创作精神	提出具有可行性建议		

教师评价

序号	技能评价内容	评价标准	达标	未达标
1	准备工作	能够按照规定设计、分组、分配角色，有条不紊，安排有序		
2	实施工作	各小组学生是否按照要求进行讨论，实施过程是否规范		
3	总结工作	各小组结论是否符合要求，具有实际指导意义		
序号	素养评价内容	评价标准	达标	未达标
1	协作意识	团队分工明确，沟通顺畅，共同完成实训任务		
2	职业道德	能够严格遵守实训要求，全程参与指导		
3	工匠精神	操作严谨、规范，能对内容准确分析		
4	创作精神	提出具有可行性建议		

 课后提升

案例：疫情背景下长江游船的发展趋势

在新冠肺炎疫情中，受到冲击最大的行业无疑是旅游业，长江三峡游船亦不能幸免，几乎都处于停摆状态，对该区域的旅游经济影响巨大，未来长江游船旅游发展趋势如何？长江游船行业专家蒋宗金先生认为：新冠肺炎疫情对长江游船市场的冲击和不确定性非常突出，市场将会有新的重组，并带来一系列变化。长江三峡游船旅游市场呈稳健式增长是发展的总趋势，标准化、大型化、舒适化、智能化船型发展成为新趋势，安全保障、生态优先、绿色发展既是新形势又是新要求。

思考题：你是否认同长江游船未来发展的趋势预测，为什么？

任务4 掌握内河游船运营管理内容

任务简介

1. 任务描述

详细介绍内河游船运营管理的内容。

2. 任务要求

熟记内河游船运营管理包含的内容。

3. 学习目标

（1）知识目标：学会内河游船运营管理的主要内容。

（2）能力目标：能够掌握内河游船主要内容构成情况，从而提高分析和逻辑思维能力。

（3）素养目标：具有良好的职业素养，夯实基础知识。通过了解我国内河游船环保要求，培养学生行业绿色发展的理念。

知识储备

内河游船是一个综合旅游产品，根据游船的大小和功能布局，其运营体系各有侧重，但不管怎么变化，其运营基础内容是大致相同的，都包括了从船上到岸线，从自身管理到对客管理。从旅游角度出发，内河游船的运营管理包括以下方面。

1. 内河游船对客服务与管理

为了适应市场发展需求，内河游船功能不断完善，对客服务与管理越发复杂和重要。其服务标准更高，服务内容更加丰富，比如内河游船自助餐饮服务与管理、内河游船零点餐饮服务与管理、内河游船宴会服务与管理、内河游船客房服务与管理、内河游船康体服务与管理、内河游船休闲服务与管理、内河游船保健服务与管理、内河游船导游讲解服务与管理等，基本上涵盖了岸上星级酒店和旅行社提供的相关服务，大大提高了游客体验感。

2. 内河游船船岸连接服务

内河游船与船岸码头相互连接，是游船产品的重要组成部分，内河游船的运行离不开岸线的配合和指挥，有必要了解内河游船船岸连接服务内容。根据游船产品类型和特点，对内河游船码头应加强设计，强化码头与游船的整体性，增强游船产品的竞争力；加强内河游船码头管理，优化岸上交通方式的选择和设计，可以进一步增强游船产品的趣味性和吸引力。此外，岸上交通安全管理既是游船产品的构成部分，又是游船产品服务质量的重要保障。

3. 内河游船营销管理

市场营销是旅游企业的核心，运营内河游船需掌握内河游船营销管理的概念与特征，做好市场调研和预测，运用营销理论对运营环境进行分析，注重内河游船营销过程管理，从目标市场的选择、营销渠道的设计、营销策略的策划等方面开展有效的市场营销管理，争取最大的经济效益。

4. 内河游船的资产管理

内河游船的资产分为有形资产和无形资产。无形资产主要是旅游品牌、人力资源、游船资质等；而有形资产包括船上所有的固定资产。资产管理是内河游船运行管理中很重要的环节，我们要熟悉内河游船船体概况，做好船体管理与维护，在运行中实施成本控制与核算，有效地控制成本，提高效益。

5. 内河游船安全与生态管理

内河游船安全包括游船活动中各种相关主体的安全，涉及人、设备、环境等。应做好内河游船承载量管理、内河游船游客注意事项（应知应会）、内河游船应急管理；做好游船生态管理，与周边资源良性互动，形成可持续发展。

6. 内河游船客户关系管理

客户关系管理是旅游企业开展市场营销策略的前提，需要了解内河游船旅游者的特征及需求动机，掌握内河游船旅游者的消费特征及产品购买障碍，并进行分析，有助于管理者及时了解游船市场状况。

7. 内河游船的发展前沿

借鉴现在内河游船管理现状，预测未来智慧和新能源游船的发展前景和应用。

 知识拓展

游船与酒店的住宿管理区别

常常有人把豪华内河游船比作是移动的五星级酒店，二者都提供高档住宿设施、餐饮服务以及相关的娱乐设施服务。其实还有人把豪华游船称作是"浮动的度假村""移动的微型城镇"。豪华游船承载功能很多，有时比一家酒店经营范围还要广，还要复杂。在住宿方面的管理，二者既有相同的地方，都是为了客人能拥有更好的住宿体验，努力创造良好的住宿氛围，提高个性化服务，设置更多的配套设施，也有不同的地方：

① 游船上的服务更多是一站式服务，注重体验团体气氛的营造，大家难得在一艘游轮上聚在一起，很多的欢乐时光需要大家共同去体验和营造。而相比较陆地上酒店住宿而言，私密性更强，来来往往的客人互不干扰。

② 单体住宿规模上，一般情况下游船住宿规模会更大些，长江豪华内河游船都能安排 500～600 人的住宿，大型的跨洋邮轮能够满足 2000 人左右的住宿。

③ 游船住宿设施配套功能比较齐全。游船除了具备陆上酒店的一般住宿功能，还有交通功能。为了增强客人的愉悦感和体验感，游船住宿的配套设施也很齐全，有的拥有全景游泳池、电影院、壁球场等。

④ 管理难度不一样。游船上的客人来自全世界各地方，拥有不同的文化背景，民俗习惯差异性更大，增加了服务难度和管理难度。

⑤ 游船上协调能力和服务能力更强。游船上服务人员与客人的比例达到 1：2，不仅需要协调客人在船上的问题，还要解决客人暂时下船后的问题。

M1-9 游船与酒店的住宿管理区别

 知识检测

1. 填空题

（1）内河游船的运营管理都包括了_____、_____。

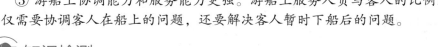

（2）岸上交通_____既是游船产品的构成部分，又是游船产品服务质量的重要保障。

2. 单项选择题

（1）旅游企业开展市场营销策略的前提是（　　）。

A. 客户关系管理　　B. 客史档案　　　C. 市场调研　　　D. 安全管理

（2）游船上的服务一般是（　　）。

A. 分项式　　　　　B. 全包价　　　　C. 一站式　　　　D. 半包价

3. 简答题

简述游船与酒店的住宿管理区别。

任务实施

1. 实训目标

了解内河游船运营管理的内容。

2. 实训内容

以小组为单位，检查内河游船运营管理的内容的识记和理解情况。

3. 实训资料

参考国家级职业教育专业教学资源库"国际邮轮乘务管理"子项目"内河游船运营与管理"。

4. 实训注意事项

知识点的熟记程度影响实训质量。

5. 实训步骤

（1）实训准备。按规定准备资料、分组，分配角色。

（2）分组讨论。根据安排内容进行小组讨论。

（3）总结记录。做好记录，并进行分析、总结。

（4）教师点评。对部分小组现场点评。

6. 实训评价

学生自评

序号	技能自评内容	评价标准	达标	未达标
1	准备工作	能够按照规定准备相关工具、分组、分配角色，有条不紊，安排有序		
2	实施工作	是否能够充分的讨论、对知识点掌握的熟练程度		
3	总结工作	得出结论是否条理清晰，表述准确，符合教学要求		
序号	素养自评内容	评价标准	达标	未达标
1	协作意识	团队分工明确，沟通顺畅，共同完成实训任务		
2	职业道德	能够严格遵守实训要求，按照场景要求分组；团体合作意识；采用适用的讨论方法		
3	工匠精神	操作严谨、规范，能对内容准确分析		
4	创作精神	提出具有可行性建议		

教师评价

序号	技能评价内容	评价标准	达标	未达标
1	准备工作	能够按照规定设计、分组、分配角色，有条不紊，安排有序		
2	实施工作	各小组学生是否按照要求进行讨论，实施过程是否规范		
3	总结工作	各小组结论是否符合要求，具有实际指导意义		
序号	素养评价内容	评价标准	达标	未达标
1	协作意识	团队分工明确，沟通顺畅，共同完成实训任务		
2	职业道德	能够严格遵守实训要求，全程参与指导		
3	工匠精神	操作严谨、规范，能对内容准确分析		
4	创作精神	提出具有可行性建议		

课后提升

案例：新能源内河游船的竞争力

2022年3月29日，全球载电量最大的纯电动游轮长江三峡1号试航成功，顺利返回母港——湖北省宜昌市三峡游客中心码头。长江三峡1号长100m，宽16.2m，载客量1300人，搭载宁德时代7500kW·h船用动力电池（相当于100辆以上纯电动汽车的电池容量总和），是目前世界上设计建造的动力电池容量最大、智能化最先进的新能源纯电动船舶。该游轮在电力推进和智能控制方面全球领先，是一艘真正实现"零污染、零排放"的绿色船舶，于2022年4月开始航行。

思考题：请讨论为什么旅游企业会花费大力气打造新能源内河游船，它的竞争优势有哪些？

项目二　内河游船运营与管理的特征分析

　　内河游船运营管理有其自身的特点和要求，国家对于内河游船管理颁布了相应的安全管理规定、星级评定制度等，逐步规范内河游船市场，促进内河游船市场又好又快地发展。随着经济发展和人们生活水平日益提高，人们对高品质旅游需求旺盛，内河游船旅游产品面对需求，细分市场，以旅游者需求为导向，促进旅游市场有序健康地发展。内河游船旅游是世界旅游业中不可或缺的重要组成部分，已经成为现代旅游业发展的中坚力量，它具有较高消费水平、拉动经济作用强、辐射范围大等特点，能够带动各种产业链发展，因此不仅受旅游者欢迎，也得到各地旅游行政部门、旅游企业的青睐。所以，研究内河游船运营管理特征是提高企业效益和服务质量的关键路径，本项目仅探讨内河游船产品和资源情况，从而分析内河游船的运营管理特征。

任务1　认知内河游船产品的定义与构成

任务简介

　　1. 任务描述

　　完成对内河游船产品概念和产品构成模式的分析、认知。

　　2. 任务要求

　　熟练介绍内河游船产品，理解内河游船产品的构成模式。

　　3. 学习目标

　　（1）知识目标：掌握内河游船产品的概念和构成。

　　（2）能力目标：能够根据内河游船产品构成情况，设计产品表现形式。

　　（3）素养目标：树立良好的产品服务意识。通过了解游船产品的创新需求，培养学生理论创新思维和社会责任感。

 知识储备

　　了解内河游船产品概念之前，我们先探讨下旅游产品的含义。据不完全统计，在国内对旅游产品的定义主要有以下几种：

　　① 旅游产品是个整体概念，它是由旅游资源、旅游设施、旅游服务和旅游商品等多种要素组合而成（赵晓燕，2001）。

　　② 旅游产品是指旅游经营者凭借着旅游吸引物、交通和旅游设施，向旅游者提

供的用以满足其旅游活动需求的全部服务（林南枝、陶汉军，2001）。

③ 旅游产品从整体上看，是一种组合型的产品，它由旅游资源、旅游设施、旅游服务和旅游购物等多种要素构成（周振东，1999）。

国家质量监督检验检疫总局颁布的中华人民共和国国家标准 GB/T 16766—2017《旅游业基础术语》对旅游产品的定义是：通过利用、开发旅游资源提供给旅游者的旅游吸引物与服务的组合。其特征是服务成为产品构成的主体，主要有线路、活动和食宿。旅游者可以购买整体产品（如综合包价旅游），也可以购买某一单项旅游产品（如航班座位，饭店客房）。了解旅游产品的含义，便于我们掌握内河游船产品的概念。

1. 内河游船产品的概念

内河游船产品与其他旅游产品有明显的差异。游船既是旅行的工具，同时也是游船旅游的目的地，并且比其他旅游产品更需要一个水体作为载体；游船作为一个平台，既要求有酒店功能，也要有娱乐休闲的度假区功能，还要能够欣赏与众不同的风光，其复杂程度比一般旅游产品更高，但是对于顾客而言，方便程度高于其他旅游产品。

内河游船产品可以分为有形产品和无形产品，由实物和旅游服务构成。有形产品主要是指以满足游客吃、住、行、游、购、娱的游船设施、设备为主要形式的产品；无形产品主要是指以船上服务人员提供的各种满足游客精神层面需求的服务形式产品。

内河游船产品是指由内河游船为了满足游客观光游览、休闲度假、会议会务等旅游需求所提供的各种综合设施、设备、线路服务，这种服务能被现实和潜在的游客所接受，对其产生吸引力，并促使其实施旅游行为。

2. 内河游船产品的构成情况

旅游产品最基本的六大构成要素是吃、住、行、游、购、娱。而内河游船产品作为旅游产品的一种表现形式，我们主要从其功能上进行分析和阐述，分为三个层次，分别是核心产品、有形产品、延伸产品。

（1）核心产品

核心产品是旅游者购买的基本对象，它是由对旅游者核心利益的满足而构成。旅游者的核心利益是通过购买内河游船产品来满足其观光娱乐和休闲度假的需要。当然，这种利益一般是无形的，在很大程度上与旅游者的主观感受，如气氛、过程、便利、愉悦、放松等是联系在一起。

（2）有形产品

有形产品是指内河游船产品的载体、质量、特色、风格、声誉及组合方式等，是内河游船产品核心价值部分向满足人们生理或心理需求转化的部分。如内河游船的接待设施、岸上的景区景点、沿线的水上风光、船体娱乐体验项目、购物、旅游线路等。

（3）延伸产品

延伸产品主要指旅游者在购买和消费内河游船产品时获得的各种优惠条件和其他附加利益。如游船推出的各种套票和优惠价格票、赠送的演出或者旅游纪念品。

M2-1 内河游船产品的概念与构成

3. 内河游船产品的构成要素

（1）基本要素

内河游船产品构成的基本要素主要有水景吸引物，包括湖泊、河流、运河及其沿岸的港口、峡谷、山峰、瀑布、温泉、气候条件等自然风景资源；还有文物古迹、城乡风光、民族风情、城市建设等人文旅游资源；以及具有内河游船特色和水上特色的、适合并能满足旅游者需要的内河游船休闲活动项目等。

（2）必备要素

内河游船和游船设施是完成游船旅游活动所必须具备的物质条件，包括供游船航行的设施设备、餐饮设备、住宿设施、通信设施、观光设施、娱乐设施等。

（3）核心要素

内河游船产品的核心要素是游船服务，包括为满足游客游览、观光、休闲、度假等核心利益的服务，也包括满足游客在游览过程中维持正常生活的基本服务。

M2-2 内河游船产品构成分析

 知识拓展

2021年长江三峡内河游船市场指标逆势上扬

2021年，旅游市场渐渐复苏，长江三峡内河游船市场一马当先，表现抢眼。从2021年游船发班情况来看，豪华游船共计发班1880艘次，为2019年的66.01%，为2020年的195.42%；完成客运量39.60万人，为2019年的60.73%；豪华游船平均负载率为67.10%，较2019年下降11.3个百分点，较2020年上升15.3个百分点。经济型游船共计发班1389艘次，为2019年的45.37%，为2020年的158.74%；完成客运量22.18万人，为2019年的48.42%，为2020年的253.19%；经济型游船平均负载率为44.08%，较2019年下降4.72%，较2020年上升7.58%。

 **知识检测**

1. 单项选择题

（1）内河游船产品构成的娱乐设施要素属于是（　　）。

A. 基本要素　　　B. 核心要素　　　C. 必备要素　　　D. 其他要素

（2）内河游船产品的无形产品主要体现是（　　）。

A. 设施　　　　　B. 设备　　　　　C. 服务　　　　　D. 商品

（3）内河游船旅游活动所必须具备的物质条件是（　　）。

A. 住宿设施　　　B. 风土人情　　　C. 人文景观　　　D. 水景

2. 简答题

（1）简述内河游船产品的构成要素。

（2）简述内河游船产品的概念。

 任务实施

1. 实训目标

模拟构建内河游船产品分层，并能够熟练举例说明。

2.实训内容

内河游船产品构成情况，各自的表现形式。

3.实训资料

参考国家级职业教育专业教学资源库"国际邮轮乘务管理"子项目"内河游船运营与管理"。

4.实训注意事项

需用构图的形式表现产品分层。

5.实训步骤

（1）实训准备。按规定准备资料、分组，分配角色。
（2）分组讨论。根据安排内容进行小组讨论。
（3）总结记录。做好记录，并进行分析、总结。
（4）教师点评。对部分小组现场点评。

6.实训评价

学生自评

序号	技能自评内容	评价标准	达标	未达标
1	准备工作	能够按照规定准备相关工具、分组、分配角色，有条不紊，安排有序		
2	实施工作	是否能够充分的讨论、对知识点掌握的熟练程度		
3	总结工作	得出结论是否条理清晰，表述准确，符合教学要求		
序号	素养自评内容	评价标准	达标	未达标
1	协作意识	团队分工明确，沟通顺畅，共同完成实训任务		
2	职业道德	能够严格遵守实训要求，按照场景要求分组；团体合作意识；采用适用的讨论方法		
3	工匠精神	操作严谨、规范，能对内容准确分析		
4	创作精神	提出具有可行性建议		

教师评价

序号	技能评价内容	评价标准	达标	未达标
1	准备工作	能够按照规定设计、分组、分配角色，有条不紊，安排有序		
2	实施工作	各小组学生是否按照要求进行讨论，实施过程是否规范		
3	总结工作	各小组结论是否符合要求，具有实际指导意义		
序号	素养评价内容	评价标准	达标	未达标
1	协作意识	团队分工明确，沟通顺畅，共同完成实训任务		
2	职业道德	能够严格遵守实训要求，全程参与指导		
3	工匠精神	操作严谨、规范，能对内容准确分析		
4	创作精神	提出具有可行性建议		

M2-3 长江游船与世界游船的区别

课后提升

案例：内河游船产品的吸引力

目前，中国成为全球第四大邮轮旅游客源国。因此，世界各地邮轮公司都在争夺亚洲市场，其中北美邮轮产业链完整，配套设施齐全，邮轮旅游产品设计开发比较成熟，竞争优势较大，抢占了较大市场份额；欧洲邮轮旅游的历史较长，胜在有较强的产品设计开发能力，也能从中分一杯羹；目前还处于发展中的中国本土邮轮公司，虽有着天时、地利，但运营管理能力欠缺，绝大部分是委托给著名邮轮公司来代理运营，邮轮旅游产品缺乏核心吸引力，导致在亚太地区邮轮市场竞争中处于落后位置。

思考题：目前，很多国际邮轮公司纷纷抢滩我国内河游船市场，请同学们思考，针对国际邮轮市场现状，我国内河游船产品如何提升产品吸引力，应对国际邮轮公司的竞争？

任务2　熟知内河游船产品的类型与特征

任务简介

1. 任务描述

根据内河游船产品特征，对内河游船产品进行分类。

2. 任务要求

掌握不同种类的内河游船产品特征和分类依据。

3. 学习目标

（1）知识目标：学会内河游船产品的分类和特征。

（2）能力目标：能够按照不同类型的内河游船产品特征，高效提供产品服务。

（3）素养目标：具有勤奋钻研的精神，开发适合市场的新产品。通过对产品的不断研发，培养爱岗敬业、精益求精的职业素养。

知识储备

1. 内河游船产品的分类

对于旅游产品的定义，目前还没有形成统一的意见，产品的表现形式多样化，有无形服务，如旅游服务；也有有形的物体，如硬件设施等，内河游船产品同样如此。我们根据不同分类依据可以把内河游船产品划分为以下几种。

（1）根据旅游目的划分

① 观光旅游产品。内河游船观光旅游产品是以满足旅游者乘坐内河游船观赏江河、湖泊及其沿岸自然风光、城乡风光、民族风情、名胜古迹、建设成就等为主要目的的旅游产品。目前，在我国内河游船观光旅游产品仍是构成游船产品的主要部分，各内河游船公司为了更好地满足市场多元化的需求而竞相开发设计新的游船观

光产品，在单纯的观光产品基础上，注入了更为丰富的文化内涵，如主题性观光、参与体验性观光。

② 休闲度假旅游产品。内河游船休闲度假旅游产品是指旅游者利用假期乘坐内河游船进行休闲和娱乐消遣的旅游产品。世界范围内，很多地区拥有阳光、沙滩，沿岸又有丰富多彩的自然风光和文化资源，可供登岸参观的旅游地很多，这些沿岸地区成为内河游船理想的聚集地，如中国长江三峡。同时，由于游船本身也因乘坐悠闲、舒适并提供完善的各种娱乐活动设施，能为游客提供满足其休闲娱乐度假需求的服务，而成为休闲度假旅游者的首选。

M2-4 为何休闲度假旅游是内河游船产品的主要形式

③ 文化旅游产品。内河游船文化旅游产品是满足旅游者了解游船航行区域及其腹地文化需求的旅游产品。这种产品要求蕴含较为深刻和丰富的文化内涵，其所吸引的对象一般具有较高的文化修养。

④ 会议旅游产品。内河游船会议旅游产品是指人们利用游船举行各种会议而购买的游船旅游产品和服务的综合消费产品。这一产品形式主要针对大公司、企业等，是一种比较新型的旅游产品。

未来，内河游船产品必将发展成为一个以游轮观光、休闲娱乐为主，集商务会议、文化交流、运动探险、水上娱乐为一体的多样化内河游船旅游产品系列。

（2）根据购买方式划分

① 整体旅游产品。旅游者购买的旅游产品是整体旅游产品，包含了旅游六大要素：吃、住、行、游、购、娱，这些要素分散在内河游船各个环节，形成一个活动整体。所以说内河游船整体旅游产品是指某一岸线旅游目的地能够提供并满足旅游者需求的全部物质产品和服务，又称为旅游目的地产品，其包括了若干个单项旅游产品和若干条旅游线路产品。内河游船整体旅游产品有五个主要要素，即目的地景物和环境、目的地设施和服务、目的地的可进入性、目的地形象、提供给顾客的价格。

② 单项旅游产品。内河游船单项旅游产品是指旅游者在旅游游船活动中所购买和消费的有关住宿、餐饮、交通、娱乐、游览等某一方面或几方面的物质产品或服务。例如订购一间客房、享用一顿美餐、游览一次景点等都属于购买和消费单项旅游产品。单项旅游产品是为了满足不同旅游者的个性需求，把整体旅游产品中的可选择部分拆分，供旅游者选择购买，其价格也会更高一些。

（3）按游客需要程度划分

① 基本旅游产品：是基于满足大多数旅游者基本需求，或者说是旅游者顺利完成旅游活动所需的最基础的环节，如交通、住宿、餐饮、游览等。这些都是旅游共性需要的基础产品和服务。

② 非基本旅游产品：是基于满足少数旅游者个性（或针对性）需求，并非大多数游客需要的旅游产品。如主题、娱乐、医疗、会务等。

（4）按旅游产品计价方式划分

按旅游产品计价方式可以将内河游船产品划分为包价旅游产品、半包价旅游产品、小包价旅游产品、零包价旅游产品。

包价以外的形式都可以称为非包价形式。包价旅游产品是旅游游船企业以一定价格向市场推销的成批量组合的内河游船产品。它分为全包价和选择性包价两种。

前者包括一次旅游活动的全部旅游服务；后者只包括其中主要的几项服务。非包价旅游产品是指旅行社根据旅游者需要按单项计价的旅游产品，主要对象是散客，所以非包价旅游又称散客旅游。随着旅游者旅游经验日益成熟，经济水平的提高，未来，散客将是游船旅游的主要客源，非包价内河游船产品形式因为其灵活的选择和付费方式，受到旅游者的青睐。目前，部分旅游者更加注重旅游的质量，也愿意为高质量的旅游产品付出相应的高价格，前提是对产品有高度可选择性。

2. 内河游船产品的特征

内河游船产品作为旅游产品的一种，既具有旅游产品的一般特征，同时也具有内河游船旅游产品独有的特点，相比于一般旅游产品，内河游船产品在借助完成服务的设施设备方面具有特殊性，还在与岸线对接等方面更加复杂和多样化。内河游船产品的特征如下。

M2-5 内河游船产品的分类

（1）无形性

对旅游经营者来说，是借助游船和其他旅游场所的设施或条件，向旅游者提供旅游服务。对旅游者来说，旅游就是花钱购买一种经历，留下的可能只是大脑里的一些愉快美好的回忆而已。

（2）不可转移性

内河游船产品的不可转移性主要体现在两个方面：一是旅游产品（景点产品）在地点上不可转移，旅游者只能到旅游产品生产地也就是游船上去进行消费，形成旅游的异地性；二是旅游产品所有权的不可转移，游客只是在享受服务并在规定的期限内享有游船设施设备的使用权，旅游合同结束后，就不再拥有这些旅游产品使用权。

（3）不可储存性

旅游者购买的内河游船产品（游船客房产品、游船交通产品）的使用权有时间限制，在每次旅游合同期内有效，合同过期作废。

（4）生产与消费的同步性

旅游产品（游船餐饮产品、服务产品）都是在旅游者登船后，才开始生产并交付使用的。如船陪导游进行沿线的旅游景点讲解时，导游在生产旅游产品，其提供的是无形的服务产品；而游客在兴致勃勃听讲解，是在消费导游提供的讲解服务产品。

（5）综合性

旅游者购买的旅游产品涉及吃、住、行、游、购、娱等多个方面，涉及多个行业和部门。内河游船旅游产品不仅包括水上游船的各种服务，还有与岸上景点景区、小交通等相互配合才能完成的各种服务，所以说具有综合性。

（6）服务借助设施的特殊性

与其他旅游产品不同，内河游船产品服务需要借助航行的游船。游客想在内河等水域观光、休闲、娱乐和度假，必须依靠游船这一载体来完成，这就是内河游船旅游产品的特殊性。

（7）内河游船产品的多样性与整体性

内河游船产品的多样性体现在三个方面。①内河游船服务的多样性。内河游船服务是管理者和员工通过游船各种硬件服务设施，借助一定的旅游资源、通过一定的手段向游客提供的满足其核心利益的所有服务的总和。从产品消费角度分析，内河游船服务分为主要的核心服务和辅助的基本服务两个板块；从产品提供者角度分析，内河游船服务涵盖了吃、住、行、游、购、娱等服务以及紧急情况下的应急服务；从服务类型上分析，又分为硬件服务和软件服务。②人力资源的多样性。内河游船上的工作人员来自不同领域，如负责游船驾驶的船长，负责餐饮的主厨，负责娱乐的演员，负责客房的服务人员。所有的员工都有不同的领域分工，由游船公司统一调配人力资源，从而充分发挥员工各自的优势，保证游船各项事务井然有序地进行。③顾客的多样性。内河游船有国际游客专线航班，由于世界各地游客的需求、习性各不相同，因此在游船服务工作过程中，切勿以偏概全，要了解他们的不同，综合了解所有服务对象的各种需求。

内河游船既有水上运输的功能，又具有与旅游酒店、旅行社类似的功能，需要为游客提供吃、住、行、游、购、娱等综合服务，真正实现一站式服务，所以内河游船产品是可以满足游客旅游活动中所有需要的产品，因此，内河游船旅游产品具有整体性。

M2-6 内河游船产品的特征

 知识拓展

内河游船产品设计原则

① 适应旅游市场需求

内河游船产品设计应以市场需求为前提，通过充分的市场调研，了解市场需求，根据需求设计产品。因此，在游船旅游产品的设计开发过程中，必须以游船旅游市场的需求为基准，以市场发展为导向，以旅游者的需求为中心，重视市场调研，掌握游船市场的发展变化趋势，始终以市场为基准，确定游船旅游产品设计与开发的时序和规模，以便获得最好收益。

② 体现旅游本质属性

旅游的本质属性是让游客获得愉悦的心理感受，游船旅游是一种体验式旅游，其本质在于游客的休闲和享受，游船旅行是现代人对于高层次美和高品质享受追求的体现。美的最高境界是自然的意境美、艺术的传神美，享受的最高境界是如沐春风之感，身心得到放松和调养。因此，在游船旅游产品的设计与开发过程中，要努力实现自然、社会、艺术审美三者的有机协调、融合，这才是游船旅游产品开发中所追求美和享受的最高境界。游船旅游产品的美学特征越突出和享受体验越非凡，知名度就越高，旅游产品的吸引力就越大，市场竞争力就越强。

③ 注重特色和主题

游船市场经济竞争激烈，特色和主题是内河游船旅游产品的内在驱动力，也是内河游船旅游产品吸引力的灵魂和市场竞争的核心。主题是对产品及其相关因素进行组合所形成的内在的、统一的基调，如长江三峡的乾隆号、三国号等主题的内河游船。特色是游船产品区别于其他旅游产品某一个方面或某一个点的风格和形式，如甲板游泳池、板球等项目。主题和特色两者相辅相成，主题因为特色而绚丽，特色因为主题而华丽。游船旅游产品的设计与开发，就是要根据对游船本身的文化特色、市场需求、运营区位、人文资源和环境条件的综合分析，进行概括、提炼、高度的内部协调和创新，保障主题与特色的绚丽。

④ 打造品质，创造品牌

游船旅游产品的设计和开发带有很强的市场营销成分，产品的形象塑造强调游船旅行最吸引旅游者的特征或是异于普通旅行的特殊地方，通过系统化设计，以及各种活动与传播媒介的推广，强化游船旅行在消费者心目中的印象，强化游船产品的高品质，进而形成品牌效应，通过品牌效应，影响和引导消费者的选择。

⑤ 统筹开发，相互协调

游船旅游产品的开发设计具有综合一体性，强调高度的内部协调性，这是由游船旅游本身的性质和要求所决定的。整体游船旅游产品既要求满足旅游者旅游活动中的物质需求（包括所需要的吃、住、行、游、娱、购等各方面），又要满足游客提出的各种服务需求，其生产过程相当复杂，涉及众多性质、功能不同的部门和行业。因此，为保证其协调统一性，游船旅游产品的设计与开发必须综合、系统、全面地考虑问题，协调优化各旅游要素，使之被合理配置，才能保证内河游船产品适合当地的运营区域，旅游活动正常进行，从而获得最佳的、综合的经济效益，促进游船旅游业的健康发展。

知识检测

1. 单项选择题

（1）非包价旅游的主要对象是（　　）。

A. 团队　　　　　B. 散客　　　　　C. 公司　　　　　D. 旅行社

（2）旅游者购买的旅游产品的使用权有时间限制，过期作废，表现的特征是（　　）。

A. 综合性　　　　B. 不可转移性　　C. 不可储存性　　D. 无形性

（3）包含一次旅游活动的全部旅游服务的旅游产品形式是（　　）。

A. 全包价　　　　B. 零报价　　　　C. 半包价　　　　D. 小包价

2. 简答题

（1）简述内河游船产品的特征。

（2）简述内河游船产品的设计原则。

任务实施

1. 实训目标

设计一款长江三峡内河游船线路产品。

2. 实训内容

熟练运用内河游船产品的特征和设计原则。

3. 实训资料

参考国家级职业教育专业教学资源库"国际邮轮乘务管理"子项目"内河游船运营与管理"。

4. 实训注意事项

需要查阅长江三峡近五年面向市场的旅游线路产品。

5. 实训步骤

（1）实训准备。按规定准备资料、分组，分配角色。
（2）分组讨论。根据安排内容进行小组讨论。
（3）总结记录。做好记录，并进行分析、总结。
（4）教师点评。对部分小组现场点评。

6. 实训评价

学生自评

序号	技能自评内容	评价标准	达标	未达标
1	准备工作	能够按照规定准备相关工具、分组、分配角色，有条不紊，安排有序		
2	实施工作	是否能够充分的讨论、对知识点掌握的熟练程度		
3	总结工作	得出结论是否条理清晰，表述准确，符合教学要求		
序号	素养自评内容	评价标准	达标	未达标
1	协作意识	团队分工明确，沟通顺畅，共同完成实训任务		
2	职业道德	能够严格遵守实训要求，按照场景要求分组；团体合作意识；采用适用的讨论方法		
3	工匠精神	操作严谨、规范，能对内容准确分析		
4	创作精神	提出具有可行性建议		

教师评价

序号	技能评价内容	评价标准	达标	未达标
1	准备工作	能够按照规定设计、分组、分配角色，有条不紊，安排有序		
2	实施工作	各小组学生是否按照要求进行讨论，实施过程是否规范		
3	总结工作	各小组结论是否符合要求，具有实际指导意义		
序号	素养评价内容	评价标准	达标	未达标
1	协作意识	团队分工明确，沟通顺畅，共同完成实训任务		
2	职业道德	能够严格遵守实训要求，全程参与指导		
3	工匠精神	操作严谨、规范，能对内容准确分析		
4	创作精神	提出具有可行性建议		

课后提升

案例：创新产品是增强市场地位的保证

湖北某国际旅行社有限公司，最初以代理销售长江观光系列游船业务为主营业务。2004—2009年期间，年包租游船达80余航次，因为常年组团客人多、包船旅游产品丰富，荣获了一系列荣誉称号，得到市场的认可。

旅游市场风云变幻，只有不断创新才可能走得稳健。近年来，该旅游公司积极转型，整合传统旅游资源，结合现代营销手段，水上、陆地齐头并进，线上线下跨界融合，集出入境旅游、旅游商贸、私人定制、互联网旅游等于一体；采取全省一站式采购，进一步降低采购成本；在湖北设有宜昌、恩施、襄阳等多个目的地，增加游客入口，扩大业务范围，今后还会进一步将产业链延伸。

思考题1：该公司实行了哪些产品策略，增强市场竞争力？

思考题2：品牌力在产品设计中的作用有哪些？

思考题3：包船旅游产品是否适合市场需求，为什么？

任务3 识别内河游船的基础资源

 任务简介

1. 任务描述

列举内河游船的自然资源和人文资源基础。

2. 任务要求

熟悉内河游船的资源属性和分类。

3. 学习目标

（1）知识目标：掌握内河游船自然资源和人文资源基础内容。

（2）能力目标：能够根据资源分类，将如何合理利用资源融合到不同内河游船产品设计中。

（3）素养目标：具有良好的人文素养和高尚的情操。通过了解丰富的自然和人文资源，提高学生对祖国山河的热爱、对人类智慧劳动的敬佩。

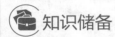 知识储备

1. 旅游资源的概念

本书内河游船的资源主要从旅游资源角度阐述，旅游资源是旅游构成要素中的客体，根据不同的出发点和侧重点，对于旅游资源的定义存在多种观点：

① 郭来喜在《人文地理学概论》中认为："凡是能为人们提供旅游观赏、知识乐趣、度假疗养、娱乐休息、探险猎奇、考察研究、寻根访祖、宗教朝拜、商务交往以及人民友好往来的客体和劳务等，并具有开发价值的，均可称为旅游资源。"

② 陈传康、刘振礼认为："旅游资源是在现实条件下，能够吸引人们产生旅游动机并进行旅游活动的各种因素的总和，它是旅游业产生和发展的基础。"

③ 保继刚、楚义芳和彭华在其合著的《旅游地理学》一书中提出："旅游资源是指对旅游者具有吸引力的自然存在和历史文化遗产，以及直接用于旅游目的的人工创造物。"

④ 李天元在《旅游学》一书中认为："凡是能够造就对旅游者具有吸引力环境的自然事物、文化事物、社会事物或其他任何客观事物，都可构成旅游资源。"

⑤ 谢彦君在《基础旅游学》中提出："旅游资源是指客观地存在于一定地域空间并因其所具有的愉悦价值而使旅游者为之向往的自然存在、历史文化遗产或社会现象。"

综上所述，本书结合资源的概念和旅游活动的特征，采用了《旅游资源分类、

调查与评价》中对旅游资源的定义：自然界和人类社会凡能对旅游者产生吸引力，可为旅游业开发利用，并产生经济效益、社会效益和环境效益的各种事物和现象。我们理解了旅游资源的概念，就不难理解内河游船的资源基础，内河游船旅游依靠自然基础和人文资源基础开展产品组合，实施旅游活动，所以说，内河游船资源基础分为自然资源基础和人文资源基础。

2. 自然资源基础

凡是在内河周边的旅游资源均可作为内河游船产品的组成部分，游船本身也是旅游资源的一部分。学术界大都按旅游资源的成因，将旅游资源分为自然旅游资源和人文旅游资源两大类型。自然旅游资源是指地貌、水体、气候、动植物等自然地理要素所构成的、吸引人们前往进行旅游活动的天然景观，具有明显的天赋性质，即是天然形成的。人文旅游资源内容广泛、类型多样，包括各种历史古迹、古今伟大建筑、民族风俗等，是人类活动的艺术结晶和文化成就。2017 年颁布的《旅游资源分类、调查与评价》将旅游资源划分为 8 类，即：地文景观、水域景观、生物景观、天象与气候景观、历史遗迹、建筑与设施、旅游购品、人文活动，其中属于自然资源又能被内河游船所利用的有以下几种：

（1）地貌风景资源

① 山地。在地理学上把山岳和丘陵统称为山，山体包括整个隆起范围及直接坡积的外围，通称为山地，如我国的五岳（东岳泰山、南岳衡山、西岳华山、北岳恒山、中岳嵩山）、庐山、黄山等。这些山地自然资源通常在内河道周边，或直接在内河两边形成特殊的自然景区，如三峡两边山地成为三峡游船航行中绝佳的风景。

M2-7 长江三峡内河游船的峡谷旅游自然资源

② 峡谷。是指陡峭的两坡相夹而成的谷地。比如长江三峡中的瞿塘峡、巫峡和西陵峡，这些都是内河游船很好的自然资源基础。

（2）水文景观类

① 河流。河流是内河游船主要的自然资源基础，一切航行都在内河航道上行驶，我国内河自然资源丰富，如长江、黄河、黑龙江、珠江、黄浦江等。

② 湖泊。我国湖泊水域众多，湖北省被誉为千湖之省，大小湖泊上千，最为著名的是武汉东湖。此外，我国还有享誉国内外的杭州西湖以及一些风景宜人的湖泊，比如中国的五大淡水湖，分别是鄱阳湖、洞庭湖、太湖、洪泽湖、巢湖。

③ 瀑布。瀑布大都是山水结合，飞泻千里，极其壮观。长江游船的航线必停靠九江港口，就是为了让游客去领略庐山瀑布飞流直下三千尺的壮观。中国三大瀑布，分别是黄果树瀑布、吊水楼瀑布和黄河壶口瀑布。

④ 泉水、天池。济南和杭州都有著名的泉水景观，对游客充满了吸引力。吉林长白山天池是驰名中外的水体景观，天池也是游船游览的极佳载体。

⑤ 溶洞。溶洞又称喀斯特地貌，是亿万年前大自然的杰作，气势壮观，洞内钟乳累累，石笋林立，一般都有水道相连，有些景区利用小游船乐游其中，别有一番滋味。

（3）气候风景类

佛光、云海、雾凇等都是气候赋予的美妙景观，游客可以在松花江上乘船欣赏水域两边美轮美奂的雾凇，可以泛舟浙江东钱湖观赏霞屿锁岚，这些独特的气候旅游资源与游船相结合能够给游客带来不同的体验感。

（4）生物景观类

生物景观类资源包括一些珍稀的动植物。比如内蒙古草原、银杏、珙桐、红豆杉、中华鲟、白鳍豚、金丝猴、大熊猫等，这些都是旅游者所喜爱的动植物旅游资源。

我国地大物博，丰富的自然旅游资源数不胜数，能对旅游者产生足够的吸引力。内河游船旅游公司应充分利用这些自然资源基础，设计合理的旅游线路，吸引旅游者，使其产生旅游动机，并实施旅游行为，从而产生经济效益、环境效益和社会效益。

3. 人文资源基础

在开展旅游活动时，内河游船不仅是一个活动载体，同时又是旅游活动组织者，需要借助外部的旅游资源共同组成综合性的旅游活动，实现"船在水中游，客在船上看"或者"游船停港口，游客岸上游"的游览活动方式，这也是吸引旅游者产生旅游动机的核心因素。内河周边人文旅游资源是内河游船产品的重要组成部分，其以悠久的历史底蕴和文化审美，赋予内河游船产品强大的生命力和吸引力，如长江三峡区域的白帝城、张飞庙、屈原祠、三峡大坝等是长江内河游船线路上的明珠，吸引着世界各国游客。能够被内河游船所利用的人文资源有以下几种。

（1）建筑类

① 塔。塔建筑在我国分布广泛，造型各异，有的与宗教相关，有的与墓地相关，有的是作为一城一地的标志性建筑物，有的是一种纪念物。比如西安的大雁塔和小雁塔，杭州的六和塔，延安的宝塔。

② 碑林。碑林是一个国家雕刻艺术、书法艺术和思想文化的集中反映，比如西安碑林。

③ 石窟。石窟是不同民族、不同历史时期的文化和艺术的反映。中国四大石窟拥有非常珍贵的文化艺术价值，分别是敦煌的莫高窟、大同的云冈石窟、洛阳的龙门石窟、天水的麦积山石窟。

④ 楼、台、亭、阁

M2-8 黄鹤楼——
内河游船记

这些建筑形式是中国古代建筑的主要形式，造型精巧，艺术造诣高，比如江南三大名楼——黄鹤楼、滕王阁、岳阳楼，不仅其造型和建筑工艺让人赞叹，相关的古诗、楼记也让游客流连忘返。

（2）伟大工程

① 古文化遗址、遗迹。中国是四大文明古国，拥有很多震惊世界的古文化遗迹和遗址，其历史价值和科考价值吸引了全世界的人民。位于长江流域的古文化遗迹就比较丰富。

② 帝王陵墓。帝王陵墓一般建筑规模都比较大，造型宏伟，收藏的古文物繁多，是吸引游客的主要陵墓类型，比如陕西咸阳乾陵、北京明十三陵和湖北荆门的明显陵。

（3）民俗风情

① 民族风情。不同的民族都有其独特的风俗民情，如宗教仪式、婚丧嫁娶仪式、待客礼仪。长江三峡旅游线路上的三峡人家就以土家族的哭嫁习俗吸引了大量的游客。

② 文化艺术。不同的民族有不同的文化艺术，如傣族的孔雀舞、土家族的摆手舞等民族特色歌舞表演。

③ 节庆活动。各民族都有自己的传统节日，比如土家族的赶年、傣族的泼水节、彝族的火把节等。

（4）城镇风貌和纪念地

① 城镇风貌。不管是过去古城的风貌还是现如今高度发达的城市风貌都是吸引旅游者的元素。中国有七大古都，南京、西安、北京、洛阳、开封、咸阳、杭州，以古代文化和城镇风貌吸引了大批游客；而如今大都市同样也充满了吸引力，比如游船夜游上海、珠江，都是很火热的游船旅游产品。

② 纪念地。各种各样的纪念地也是人文旅游资源的重要组成部分，承载了当事人和相关人员的特殊回忆和情怀。比如革命发源地井冈山、遵义会址、地震遗址等。

其实，属于内河游船人文资源基础的还有很多，比如重大的赛事和活动场馆、人造的娱乐场所，在这里不再累述。

 **知识拓展**

2017 年，我国国家质量监督检验检疫总局发布了《旅游资源分类、调查与评价》（GB/T 18972—2017），该标准根据旅游资源的现状、形态、特征，将我国旅游资源划分为 8 个主类、23 个亚类、110 种基本类型三个层次，见表 2-1：

表2-1　旅游资源分类

主类	亚类	基本类型
A 地文景观	AA 自然景观综合体	AAA 山丘型景观；AAB 台地型景观；AAC 沟谷型景观；AAD 滩地型景观
	AB 地质与构造形迹	ABA 断裂景观；ABB 褶曲景观；ABC 地层剖面；ABD 生物化石点
	AC 地表形态	ACA 台丘状地景；ACB 峰柱状地景；ACC 垄岗状地景；ACD 沟壑与洞穴；ACE 奇特与象形山石；ACF 岩土圈灾变遗迹
	AD 自然标记与自然现象	ADA 奇异自然现象；ADB 自然标志地；ADC 垂直自然地带
B 水域景观	BA 河系	BAA 游憩河段；BAB 瀑布；BAC 古河道段落
	BB 湖沼	BBA 游憩湖区；BBB 潭池；BBC 湿地
	BC 地下水	BCA 泉；BCB 埋藏水体
	BD 冰雪地	BDA 积雪地；BDB 现代冰川
	BE 海面	BEA 游憩海域；BEB 涌潮与击浪现象；BEC 小型岛礁
C 生物景观	CA 植被景观	CAA 林地；CAB 独树与丛树；CAC 草地；CAD 花卉地
	CB 野生动物栖息地	CBA 水生动物栖息地；CBB 陆地动物栖息地；CBC 鸟类栖息地；CBD 蝶类栖息地
D 天象与气候景观	DA 天象景观	DAA 太空景象观赏地；DAB 地表光现象
	DB 天气与气候现象	DBA 云雾多发区；DBB 极端与特殊气候显示地；DBC 物候景象
E 建筑与设施	EA 人文景观综合体	EAA 社会与商贸活动场所；EAB 军事遗址与古战场；EAC 教学科研实验场所；EAD 建设工程与生产地；EAE 文化活动场所；EAF 康体游乐休闲度假地；EAG 宗教与祭祀活动场所；EAH 交通运输站；EAI 纪念地与纪念活动场所
	EB 实用建筑与核心设施	EBA 特色街区；EBB 特性屋舍；EBC 独立厅、室、馆；EBD 独立场、所；EBE 桥梁；EBF 渠道、运河段落；EBG 堤坝段落；EBH 港口、渡口与码头；EBI 洞窟；EBJ 陵墓；EBK 景观农田；EBL 景观牧场；EBM 景观林场；EBN 景观养殖场；EBO 特色店铺；EBP 特色市场
	EC 景观与小品建筑	ECA 形象标志物；ECB 观景点；ECC 亭、台、楼、阁；ECD 书画作；ECE 雕塑；ECF 碑碣、碑林、经幢；ECG 牌坊牌楼、影壁；ECH 门廊、廊道；ECI 塔形建筑；ECJ 景观步道、甬路；ECK 花草坪；ECL 水井；ECM 喷泉；ECN 堆石

续表

主类	亚类	基本类型
F 历史遗迹	FA 物质类文化遗存	FAA 建筑遗迹；FAB 可移动文物
	FB 非物质类文化遗存	FBA 民间文学艺术；FBB 地方习俗；FBC 传统服饰装饰；FBD 传统演艺；FBE 传统医药；FBF 传统体育赛事
G 旅游购品	GA 农业产品	GAA 种植业产品与制品；GAB 林业产品与制品；GAC 畜牧业产品与制品；GAD 水产品及制品；GAE 养殖业产品与制品
	GB 工业产品	GBA 日用工业品；GBB 旅游装备产品
	GC 手工工艺品	GCA 文房用品；GCB 织品、染织；GCC 家具；GCD 陶瓷；GCE 金石雕刻、雕塑制品；GCF 金石器；GCG 纸艺与灯艺；GCH 画作
H 人文活动	HA 人事活动记录	HAA 地方人物；HAB 地方事件
	HB 岁时节令	HBA 宗教活动与庙会；HBB 农时节日；HBC 现代节庆

数量统计：8 主类、23 亚类、110 基本类型

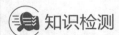 知识检测

1. 单项选择题

（1）下列属于山地风景资源的是（　　）。

A. 三峡　　　　　　B. 黄山　　　　　　C. 黄河　　　　　　D. 长江

（2）五岳的中岳指的是（　　）。

A. 华山　　　　　　B. 泰山　　　　　　C. 衡山　　　　　　D. 嵩山

（3）土家族最大的节庆活动是（　　）。

A. 赶年　　　　　　B. 泼水节　　　　　C. 火把节　　　　　D. 斗牛节

2. 简答题

（1）简述内河游船自然资源基础的种类。

（2）简述内河游船人文资源的建筑类有哪些？

任务实施

1. 实训目标

列举长江沿线各省市内河游船的人文资源基础。

2. 实训内容

熟练掌握内河游船人文资源基础的类型。

3. 实训资料

参考国家级职业教育专业教学资源库"国际邮轮乘务与管理"子项目"内河游船运营与管理"。

4. 实训注意事项

只需查找长江沿线省市主要的、具有代表性的人文资源基础。

5. 实训步骤

（1）实训准备。按规定准备资料、分组，分配角色。

（2）分组讨论。根据安排内容进行小组讨论。

（3）总结记录。做好记录，并进行分析、总结。

（4）教师点评。对部分小组现场点评。

6. 实训评价

学生自评

序号	技能自评内容	评价标准	达标	未达标
1	准备工作	能够按照规定准备相关工具、分组、分配角色，有条不紊，安排有序		
2	实施工作	是否能够充分的讨论、对知识点掌握的熟练程度		
3	总结工作	得出结论是否条理清晰，表述准确，符合教学要求		

序号	素养自评内容	评价标准	达标	未达标
1	协作意识	团队分工明确，沟通顺畅，共同完成实训任		
2	职业道德	能够严格遵守实训要求，按照场景要求分组；团体合作意识；采用适用的讨论方法		
3	工匠精神	操作严谨、规范，能对内容准确分析		
4	创作精神	提出具有可行性建议		

教师评价

序号	技能评价内容	评价标准	达标	未达标
1	准备工作	能够按照规定设计、分组、分配角色，有条不紊，安排有序		
2	实施工作	各小组学生是否按照要求进行讨论，实施过程是否规范		
3	总结工作	各小组结论是否符合要求，具有实际指导意义		

序号	素养评价内容	评价标准	达标	未达标
1	协作意识	团队分工明确，沟通顺畅，共同完成实训任务		
2	职业道德	能够严格遵守实训要求，全程参与实训		
3	工匠精神	操作严谨、规范，能对内容准确分析		
4	创作精神	提出具有可行性建议		

✖ 课后提升

案例：内河游船业迎来发展新机遇

中国旅游研究院武汉分院发布了《2021 中国旅游业发展报告》，报告认为长江内河游船业迎来发展机遇。目前长江经济带已形成中国规模最大的内河游船群和较为完整的游船服务体系，该区域具有资源禀赋良好、客源市场充足、产业体系完善、消费高品质游船能力的人群基数大等明显优势。部分内河游船推出国内长线游船产品，以满足游客对于高端产品的需求，推动内河游船消费升级。为了抓住发展机遇，宜昌市政府打出"组合拳"，打造内河游船母港，实现游船旅游与岸上旅游的高效互动；整合资源，打造特色复合旅游线路，由单一的观光型旅游向复合型旅游升级；区域联动，推动上中下游协同发展；规范管理，促进内河游船有序经营。

思考题 1：你认为内河游船市场会迎来新的发展机遇吗？

思考题 2：长江内河游船如何利用资源基础，设计复合型旅游产品？

任务4　实践内河游船的项目管理

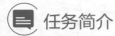 任务简介

1. 任务描述

运用管理理论指导内河游船项目管理。

2. 任务要求

熟悉内河游船体系构成、项目内容以及理论运用。

3. 学习目标

（1）知识目标：熟悉内河游船运行体系，掌握项目管理内容和相关理论。

（2）能力目标：能够把相关理论运用到内河游船项目管理当中，具备理论指导实践的能力。

（3）素养目标：具有系统、科学的管理理念。通过学习项目管理过程，培养学生以人为本、精细化管理的职业精神。

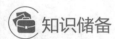 知识储备

1. 内河游船运营体系

内河游船运营有其自身的特点和情况，涉及内河水域管理、船岸管理，旅游业务管理等，对具体运营中的管理问题进行梳理和总结后，内河游船运营体系主要包括内河游船餐饮服务与管理、内河游船客舱服务与管理、内河游船休闲娱乐服务与管理、内河游船船岸连接服务、内河游船营销管理、内河游船资产管理、内河游船安全与生态管理、内河游船客户关系管理等，基本涵盖了内河游船在实施旅游活动中涉及的主要方面。

M2-9 内河游船的运行体系

2. 内河游船项目与管理

（1）内河游船项目

根据旅游项目的相关定义，可以将内河游船项目界定为：以内河游船旅游资源为基础开发的，以游客和旅游地居民为吸引对象，为其提供以内河游船为主要载体方式的休闲服务的，具有持续旅游吸引力的，以实现经济、社会、生态环境效益为目标的旅游吸引物。由此可见，内河游船项目中的旅游吸引物不仅包括内河游船本身、旅游线路产品、岸上旅游景点，还包括游船停靠港口所在城市的文化背景、城市建设成就、大型的娱乐活动等。

（2）项目管理

目前国际上对于项目管理还没有统一的定义，由于项目管理涉及范围很广，是一整套科学管理体系和方法，很难用几句话进行全面和精确的概括，只有从不同角度对其进行描述。当下较为普遍的定义是：在项目活动中运用专门的知识、技能、工具和方法，使项目能够在有限资源限定条件下，实现或超过设定的需求和期望的过程。内河游船项目需要一定的管理，以使游客满意度最大，按照游客的不同兴趣、爱好和需求提供相应水准的设施和服务，创造经济效益。

根据项目管理知识，项目管理内容可以分为九个方面，分别是项目整体管理、项目范围管理、项目时间管理、项目成本管理、项目质量管理、项目人力资源管理、项目沟通管理、项目风险管理、项目采购管理。项目管理过程划分为五个过程，依次是启动、计划、执行、控制与收尾。本书主要探讨项目管理知识在内河游船项目管理过程中的应用。在项目管理工作中，项目管理的实施程序以及方法占据着非常重要的位置。

　　① 内河游船项目管理启动阶段的工作主要是进行可行性分析、项目评估和立项。先是要陈述问题，然后再建立项目目标，进而识别项目的成功标准，并列出本次项目的假设以及项目在进行过程中会遇到的约束条件，在这些都准备妥当之后，任命本次项目的主要负责人，并明确项目负责人的权力与职责。

　　② 内河游船项目管理计划阶段，作为一个连续的、动态的过程，计划编制并不是一个短暂的行为。制订项目计划还有很多好处，如提高项目团队的整体工作效率、帮助减少项目工作中的不确定性、增加参与项目的人们之间的相互沟通与交流等。

　　③ 内河游船项目管理执行阶段，指的是为了保证项目的质量，要定期对项目取得的成绩进行评价，从而保障本次项目可以依据相应的质量标准完成。同时需要开发、培养项目成员的专业技能，以便能够提高项目的整体绩效，即所谓的团队开发；还要及时、有效地向项目主体提供需要的知识、信息，即信息发布；然后用比较适合的手段来获得投标报价或方案；接着在询价之后，要进行外购选择，即从众多备选的外购对象中选出最适合承包本次项目的承包商，最后进行合同管理，通过合同来明确管理项目主体与承包本次项目的承包商之间的权责与利益关系。

　　④ 内河游船项目管理控制阶段，指的是要定期监控本次项目各个阶段的绩效。在项目控制阶段，主要工作是要提前建立合适的变更处理程序，以便能够应对实际情况与计划出现的种种偏差，同时也要针对预先估计出现的问题提出预防性解决方案。

　　⑤ 内河游船项目管理收尾阶段，就是要进行合同收尾与管理收尾。合同收尾就是解决各项事项，完成结算；管理收尾就是编写、收集和发布信息来正式表示本次项目完成。

3. 内河游船项目管理理论

　　从内河游船运行管理的角度可以把内河游船运行管理理论分为两部分，一是与内河游船运行相关的理论，二是内河游船运行管理研究与实践的理论。内河游船实际运行管理过程中包括以下四种主要理论。

　　（1）质量管理理论

　　任何组织都需要管理，当管理与质量有关时，则为质量管理。质量管理是在质量方面指挥和控制组织的协调活动，通常包括制定质量方针、目标以及质量策划、质量控制、质量保证和质量改进等活动。实现质量管理的方针目标，有效地开展各项质量管理活动，必须建立相应的管理体系，这个体系就叫质量管理体系。很多旅游企业以通过国际质量标准（ISO9000）作为企业质量控制的标准。ISO9000质量管理体系通过识别顾客要求，制订质量目标，根据顾客要求和质量目标要求，把产品实现过程——企业管理细化为许多子过程，将这些过程和影响过程结果的全部因素纳入质量管理体系，置于受控状态。在横向上，这些过程与企业全系统所有岗位一一对应，使这些过程活动的管理达到有岗、有人、有责；在纵向上，对这些过程制订工作规范，规定"怎么做""做到什么程度"，形成纵横交织，要求、目标、过程、岗位、人员、职责、规范高度统一，有机结合，全面完整的管理网络，从而消除企业管理上的"空白点"，避免管理缺位现象。

（2）消费者行为理论

消费者行为理论是研究消费者心理和行为模式的理论。最早开展消费者行为研究的是 18 世纪的英国，主要研究消费者的空间行为模式、消费者的消费行为模式和消费者的消费心理模式。该理论在内河游船运行管理中被应用于两个方面：其一是内河游船产品和线路设计，根据旅游者的消费特点和消费行为趋势，设计相关游船线路和产品，来适应旅游市场的需要，比如针对河南客源市场投放的"宜奉宜"三峡游船旅游产品；其二是市场营销策略的选择，游船公司不仅要迎合旅游者的消费需求，更要创造产品引领旅游消费者的消费观念，在消费者行为理论的指导下，设计营销策略有效引导旅游消费者需求。

（3）产品生命周期理论

产品生命周期理论由美国哈佛大学教授雷蒙德·弗农（Raymond Vernon）于 1966 年在其《产品周期中的国际投资与国际贸易》一文中首次提出。弗农认为：产品生命是指产品在市场上的营销生命，产品和人的生命一样，要经历形成、成长、成熟、衰退这样的周期。就产品而言，也就是要经历一个开发、引进、成长、成熟、衰退的阶段。产品生命周期四个阶段，分别是：介绍（引入）期、成长期、成熟期和衰退期。

① 第一阶段：介绍（引入）期。介绍期指产品从设计投产直到投入市场进入测试的阶段。

② 第二阶段：成长期。当产品进入介绍期，销售取得成功之后，便进入了成长期。

③ 第三阶段：成熟期。成熟期指产品走入大批量生产并稳定地进入市场销售的阶段，经过成长期之后，随着购买产品的人数增多，市场需求趋于饱和。

④ 第四阶段：衰退期。衰退期是指产品进入了淘汰阶段。

（4）可持续发展理论

1994 年国务院第十五次会议通过了《中国 21 世纪议程——中国 21 世纪人口、环境与发展白皮书》，规定了旅游业要"开辟新旅游专线，加强旅游资源的保护，发展不污染、不破环境的绿色旅游，加强旅游与交通、机场建设以及其他一些服务行业（包括饮食业）的合作，解决旅游景区污水排放处理及垃圾收集、运输、处理、处置问题，解决好旅游景地有危害的污染源的治理与控制"，把可持续旅游发展提到了十分重要的地位。可持续发展理论是指既满足当代人的需要，又不对后代人满足其需要的能力构成危害的发展，以公平性、持续性、共同性为三大基本原则。可持续发展理论的最终目的是达到共同、协调、公平、高效、多维的发展。

内河游船旅游产业是消耗能源和资源的产业。在地球极其宝贵的淡水资源上航行，内河游船的运行更加需要关注水资源的保护，游船污水、能耗的排放；更加注重经济效益、社会效益和生态效益的结合；更加注意游船运行模式的选择和产品开发，要在满足当代人旅游需求的同时，也要考虑后代人对旅游的需求。内河游船的运行还需积极引入现代化的科技手段，比如引入船上垃圾固化处理、中水处理设备，建设利用绿色环保的电能等新能源的游船，减少有害物质的排放。

M2-10 内河游船项目管理的理论和应用

所以，内河游船的运行管理理论根据实际发展情况会进一步丰富和完善，还有例如循环经济、智慧旅游、竞争力理论、危机管理等一些管理理论，也逐渐被应用于内河游船运行管理。

 知识拓展

内河游船公司运营管理的发展趋势

1. 增加载客规模，降低产品价格

近年来，长江流域各大游船公司不断打造更大的内河游船，提高了船舶载客率和游客数量，新船载客量达到500～600人，载客数量的增加有助于在整体上降低每位游客的平均游船旅游成本。为了提高竞争力，游船行业内的收购兼并也时有发生。游船公司扩大规模，实行标准化管理，在采购、销售、员工培训等方面采取统一管理，有助于降低经营成本。长江游船目前淘汰了一批破、老、旧、小游船，通过"退三进一"，实现内河游船硬件现代化，使船舶更大、更快、更豪华，增强了内河游船在旅游各形态中的竞争优势。

2. 内河游船产品的大众化

过去，内河游船的豪华产品往往是为国际游客准备和打造的，随着国内游客对豪华游船产品的逐步青睐，各游船公司改变策略，瞄准了国内市场。同时，游船业的整体格局也逐渐发生转变，呈现寡头垄断的格局，并且游船业已经从过去主要依靠运费营利发展为以娱乐、餐饮、艺术品拍卖等为主要利润来源，游船大型化的趋势也为游船设施的多样化提供了条件。游船载客率成为游船运营盈利的关键，为了达到甚至超过100%的载客率，游船公司各出奇招，不断丰富产品类型，面向大众，讨好大多数游客市场。

3. 内河游船旅游的主题性

内河游船旅游越来越注重游船本身设施、娱乐服务项目的开发与设计，现已有选择鲜明的主题，按照主题公园的模式与思路开展经营的游船公司。所谓主题公园，是根据一个特定的主题，采用现代科学技术和多层次空间活动设置方式，集娱乐休闲和服务接待设施于一体的现代旅游目的地。如美国迪士尼邮轮公司经营的迪士尼魔法号邮轮将迪士尼的文化带到邮轮上，专为举家出游的游客服务。主题公园模式的游船将会成为内河游船未来发展的又一大趋势。

4. 人力资源成本将进一步提高

游船旅游行业属于劳动密集型的行业，人力成本在其运营成本中占比较高，游船的运营与管理都需要通过人力完成，特别是面对面服务，不管是现在还是将来都离不开由人提供的有温度的服务。企业为了提高服务质量，创造品牌效益，增强市场竞争力，就需要一支高素质、稳定的管理与服务队伍。旅游行业本就人才流失率高，内河游船公司有必要加大员工培养力度，提高人力资源成本，留住员工，让其与企业共同发展。

5. 数字化运营参与其中

数字化给行业发展插上了翅膀，电子商务的便捷性、低成本、覆盖面广等优势

是传统旅游业经营方式无法相比的。从全球范围来看，旅游电子商务已经成为旅游业发展不可逆转的趋势。我国数字化移动社交运营平台比较成熟，微信等已经成为各大商业公司的合作伙伴，数字化会全面升级游船智能化服务生态，人工智能技术可以实现从出行前到出行后、从个人到家庭、从线上到线下全方位刷新消费者游船出行科技感体验，开启游船旅行在人工智能新时代背景下的高品质服务。如歌诗达邮轮公司紧跟中国科技创新潮流，与国内互联网巨头阿里巴巴达成跨界合作，成为中国邮轮行业内第一家引入智能语音中心的邮轮公司，该智能语音中心能更精准、高效地为游客解决搭乘歌诗达邮轮出行前的种种问题。可以预测内河游船引入数字化运营是大势所趋。

知识检测

1. 单项选择题

（1）内河游船项目管理启动阶段首先是要（　　）。

A. 陈述问题　　　　B. 解决问题　　　C. 发现问题　　　D. 立项

（2）在项目控制阶段，主要工作是（　　）。

A. 变更　　　　　　B. 执行　　　　　C. 计划　　　　　D. 预算

（3）内河游船项目管理合同收尾就是（　　）。

A. 编写　　　　　　B. 收集　　　　　C. 发布　　　　　D. 结算

2. 简答题

（1）简述项目管理内容。

（2）简述内河游船项目管理的实施程序。

任务实施

1. 实训目标

根据消费者行为理论制作长江三峡内河游船营销管理一般措施。

2. 实训内容

熟练掌握内河游船管理理论与应用。

3. 实训资料

参考国家级职业教育专业教学资源库"国际邮轮乘务管理"子项目"内河游船运营与管理"。

4. 实训注意事项

需要查阅更多的关于消费者行为理论资料，进一步深入学习。

5. 实训步骤

（1）实训准备。按规定准备资料、分组，分配角色。

（2）分组讨论。根据安排内容进行小组讨论。

（3）总结记录。做好记录，并进行分析、总结。

（4）教师点评。对部分小组现场点评。

6.实训评价

学生自评

序号	技能自评内容	评价标准	达标	未达标
1	准备工作	能够按照规定准备相关工具、分组、分配角色，有条不紊，安排有序		
2	实施工作	是否能够充分的讨论、对知识点掌握的熟练程度		
3	总结工作	得出结论是否条理清晰，表述准确，符合教学要求		

序号	素养自评内容	评价标准	达标	未达标
1	协作意识	团队分工明确，沟通顺畅，共同完成实训任务		
2	职业道德	能够严格遵守实训要求，按照场景要求分组；团体合作意识；采用适用的讨论方法		
3	工匠精神	操作严谨、规范，能对内容准确分析		
4	创作精神	提出具有可行性建议		

教师评价

序号	技能评价内容	评价标准	达标	未达标
1	准备工作	能够按照规定设计、分组、分配角色，有条不紊，安排有序		
2	实施工作	各小组学生是否按照要求进行讨论，实施过程是否规范		
3	总结工作	各小组结论是否符合要求，具有实际指导意义		

序号	素养评价内容	评价标准	达标	未达标
1	协作意识	团队分工明确，沟通顺畅，共同完成实训任务		
2	职业道德	能够严格遵守实训要求，全程参与实训		
3	工匠精神	操作严谨、规范，能对内容准确分析		
4	创作精神	提出具有可行性建议		

✖ 课后提升

案例：人工智能提升服务品质

　　某国际邮轮公司引入三项特色人工智能服务至旗下中国船队，为游客带来区别于以往的更加丰富的船上服务和创新体验，进一步增强了市场竞争力。一是智能音箱入驻邮轮舱房。游客可以用语音与智能音箱进行有趣的互动，实现对客舱常见问题咨询的解答，并实现对灯具、电视等设备的控制。二是人脸识别技术。游客只需要在设备前简单地"刷"一下脸，系统通过面部特征，在照片库中进行快速筛选和识别，即可让游客轻松地挑选出旅途中最满意的照片进行印洗，纪念与家人、伴侣度过的难忘的海上之旅。三是无人机VR航拍体验特色娱乐服务。游客通过佩戴专门的VR眼镜，借助无人机的"眼睛"，可实时观看无人机多角度高空拍摄内容，沉浸式地感受邮轮与海洋的魅力。

　　思考题1：邮轮公司为什么要引进人工智能服务？

　　思考题2：未来，人工智能会对邮轮企业有哪些帮助？

项目三　内河游船对客服务

内河游船对客服务是对游船旅游者在其到达游船后为其提供干净整洁的环境，以及热情周到的服务，使其圆满地实现出游目的的服务。内河游船对客服务包括：餐饮服务、客房服务、前台服务、康乐服务、岸上观光导游接待服务等。

任务1　认知内河游船餐饮服务

任务简介

1. 任务描述

完成对内河游船餐饮服务的基础认知；可对内河游船旅游者进行餐饮接待服务。

2. 任务要求

按照内河游船餐饮服务要求与标准，完成餐饮接待任务。

3. 学习目标

（1）知识目标：了解内河游船餐饮服务的具体项目；会描述内河游船餐饮服务工作要求；会运用内河游船餐饮服务技巧。

（2）能力目标：能按照服务标准提供正确的餐饮服务。

（3）素养目标：具有良好的沟通能力和应变能力。培养学生以为人民服务为核心，以集体主义为原则的社会主义思想道德。

知识储备

对内河游船而言，餐饮收入是游船收入的主要来源之一，虽然船票中已包含行程中每日三餐的费用，但通过满足宾客们个性化的用餐需求，对游船的餐饮产品进行二销，也是游船企业增收创利的重要来源。因此，提升内河游船餐饮服务水平具有重要意义。

内河游船餐饮服务具体包括自助餐服务、零点服务以及宴会服务等项目。

1. 自助餐服务

在游船上，餐饮服务以自助餐的开餐形式为主。餐厅服务员将后厨烹制好的热菜、冷菜以及甜点事先摆放在布菲台面上，待开餐时间到，宾客进入餐厅后可以选择符合自己口味的菜肴，随意取食，自我服务。服务人员的主要工作任务就是做好餐前准备和用餐过程中撤换餐盘和补充布菲台上的餐食，只提供相对简单的服务。如图3-1所示为游船自助餐厅。

图3-1　游船自助餐厅
（原创图片，请勿转载）

自助餐服务流程与规范如下。

①　接受前台下达的客人进餐通知单。前台将用餐人数、用餐标准、口味要求等信息通过客人进餐通知单传达到餐饮部，便于后厨人员安排采购计划，提前从陆地准备足够数量的新鲜的食品原材料。如表3-1所示为自助餐餐前准备自检表。

②　安排客人进餐桌次。为了确保自助餐厅各个餐桌之间既要有足够的空间，又要为客人提供私密空间，所以在宾客就餐的自助餐台面上放置桌号牌，并备注该餐桌的就座人员名单，客人须对号入座。

③　编制人员，做好餐前服务。根据客情合理安排餐饮服务人员数量，并在开餐前做好餐前准备工作。摆好客用餐桌，餐桌上摆放餐具和酒具。摆放好菜品，开胃凉菜放在客人首先能取到的一侧，接着摆放蔬菜、肉类等其他热菜，摆放时要注意布菲台造型图案的新颖美观。

④　引领宾客入座。当宾客到达自助餐厅时，服务员应在餐厅门口迎接，让宾客感受到服务的温度，然后按照桌号牌上的名单引领宾客入座。

⑤　餐间服务。服务人员在宾客用餐过程中要细心观察并主动为宾客提供相应服务。例如宾客有饮用啤酒的需求，要主动为客人更换直升杯；宾客取食物时，要留意观察客人用餐情况，合理收拾餐盘。

⑥　巡台服务。服务员要勤于巡视整个用餐环境，尤其是布菲炉内的菜品量，一旦菜肴光盘见底，应及时通知后厨补充。此外，还要留意布菲台面是否清洁，看到有汤汁和其他杂物，要立即擦干净，以免给宾客造成卫生堪忧的错觉。

⑦　酒水服务。先征求客人的意见，对不同种类和品牌的酒水进行选择，待宾客选择之后再进行酒水服务。酒水收入也是餐厅收入的重要组成部分，加强酒水销售管理与控制，对有效地控制酒水成本，提高内河游船餐厅经济效益有着十分重要的

意义。

⑧ 送宾撤台。宾客用餐完毕，要提醒宾客带好贵重物品。宾客出餐厅时，要热情地与宾客致谢道别，欢迎下次光临。待客人全部离开后立即清理台面，按照餐具类别分类清理，撤换台面。

⑨ 收尾小结。组织参加餐后工作会，认真总结当日工作经验及教训，不断提高服务质量和服务水平，并向上级与有关部门汇报或呈送工作总结。

M3-1 内河
自助餐服务

表3-1　自助餐餐前准备自检表

年　　　　　月　　　　　日

项目	自检细节	自检情况	整改措施
环境类	1. 宴会厅物品摆放是否美观有序		
	2. 窗帘，植物整理是否到位		
	3. 灯光、电器是否完好		
	4. 宴会厅内是否无异味、无苍蝇蚊虫		
	5. 宴会厅内温度是否适中		
台面	1. 布菲台餐具是否卫生有无破损、杂物		
	2. 鲜花是否新鲜		
	3. 口布花是否整齐摆放，无破损		
	4. 台面是否按标准摆台，有无漏摆物品		
	5. 菜牌打印是否已经放在指定位置		
布草类	1. 底布、面布、托盘垫布，洁白无破损		
	2. 沙发、椅子（套）洁净、无污迹皱褶		
分工准备	1. 人员安排合理、分工明确，指定管理人员负责		
	2. 确定接待人员是否提前到位		
	3. 确定备用餐具，酒水，用具是否齐备		
	4. 学习餐单内容，准备好客人的特殊餐食		
	5. 提前点好茶水、酒水时相关配备品（如冰块）要到位		
	6. 检查热水温度		
	7. 上凉菜：也可根据开餐时间提前 20 分钟随即调整凉菜到位，扒盖到位		

检查人：　　　　　　　　　督查人：

2. 零点服务

零点服务是宾客来到餐厅后再自行点菜就餐的服务方式。由于游船船票代理商销售区域范围较广，宾客来自五湖四海，一方面，自助餐的单一用餐形式难以满足众口难调的食客们；另一方面，食客们也有品尝内河流域一带特色菜肴的想法。为满足宾客的个性化用餐需求，提供零点服务就必不可少了。如图 3-2 所示为零点服务餐厅。

图3-2　零点服务餐厅
（原创图片，请勿转载）

零点接待服务流程与规范如下。

① 当宾客到达餐厅时，服务员应主动上前问好，询问客人是否有预定，若无预定那么确定为零餐，服务员根据宾客用餐人数，引领至相应的餐桌入座。

② 宾客就座后，向宾客提供零点使用的菜单，解释菜单上的特色菜点，并请客人自行选择。点单完毕后，应向宾客再复述一遍菜点，以免出错。

③ 在下单给后厨之前，在单子上理应注明餐桌号以及备注客人的特殊要求。

④ 点菜完毕后，根据实际用餐人数调整餐位，餐桌上多余的餐具都要撤掉。调整餐具的整个过程，要用托盘装取这些被清除的餐具。

⑤ 在等候后厨制作菜肴的间隙，服务员要时刻留意上菜进度，避免出现客人因等候时间过久而向部门主管人员投诉的情况。如表 3-2 所示为重庆长江黄金游船有限公司餐饮部上菜速度、温度抽查表。

⑥ 在用餐服务过程中，可能会出现一些意外，服务员需要具备较强的服务意识，能够有意识地想宾客之所想，能够及时处理用餐中的突发事件。

⑦ 结账服务。在宾客用餐完毕，服务员不要忘记清点已开瓶的酒水数量，核对无误后，及时准备好账单。

M3-2 内河
零点服务

表3-2 重庆长江黄金游船有限公司餐饮部上菜速度、温度抽查表

抽检单位/部门：

标准	凉菜：零点在15分钟内上桌，宴会在开餐前30分钟上桌；温度：8～13℃； 热菜：点餐30分钟内上第一道热菜，从上菜开始计算，零点菜品40分钟之内，宴会菜品30分钟之内须全部上齐； 温度：炒菜约70℃，白灼约50℃，炸制类约70℃，蒸制菜品60℃，汤类约80℃； 面点：米饭约5分钟，面条约20分钟，水饺约20分钟；温度：约80℃。						
序号	检查时间	菜品名称	落单时间	上桌时间	温度	是否到达	
						速度	温度

3. 宴会服务

随着一档真人秀节目——《中餐厅》第四季的热播，让更多人了解到乘坐游船饱览峡江美景之余，还可以在游船上尝遍江河湖鲜的美味。《中餐厅》第四季节目中，明星嘉宾现场邀请食客们到游船上就餐，这就构成了游船上的特色餐饮服务类型——宴会服务。宴会接待的具体服务流程与规范如下。

① 接受客人预订。宴会预订是指游船宴会接待服务员与客人进行初步的沟通，详细了解客人的需求，例如预算、人数、菜单、嘉宾等，和客人沟通比较关心的话题，例如价格、时间安排、路线等。

② 计划方案。确定宴会相关活动方案，包括室内外布置装饰、表演活动、宴会服务的内容等可行性方案。

③ 实地考察。与客人进行沟通之后可以进行实地的考察。举办宴会需要对游船外体、内部空间进行实地考察，对观测角度、内部空间都要有直观的了解，这样对宴会厅室内装饰、宴会演出等可以有更加细节的设计，还应该对游船行驶线路进行了解。

④ 订立合同。订立合同的目的是通过书面方式确认双方责任与义务，流程方案也能够按照书面制订的流程进行。

⑤ 执行方案。制订完合同之后就可以按照合同进行合同内容的执行，同时也许在宴会当天会有特殊情况发生，应按照口头协议和书面的确认进行协商。

⑥ 费用结算。按照双方的合同和出示的正规单据进行费用结算。

内河游船适合各类大型水上宴会、产品发布会、文艺演出、商务活动、生日聚会、团队旅游、各类展会等活动的举办。内河游船宴会的正常开展，需要一群业务娴熟、友善、专业、热情的宴会接待服务人员。宴会现场的服务又是宴会餐饮服务中时间最长、环节最复杂的服务，因此，在宴会服务过程中宴会接待服务人员要为能够顺利完成相应的宴会接待服务工作而保持热情，并具备高度的合作精神以及良好的服务意识。如表3-3所示为重庆长江黄金游船餐饮部晚宴餐前准备自检表。

M3-3 内河
宴会服务

表3-3 重庆长江黄金游船餐饮部晚宴餐前准备自检表

年 月 日

项目	自检细节	自检情况	整改措施
环境类	1. 宴会厅物品摆放是否美观有序		
	2. 窗帘，植物整理是否到位		
	3. 灯光、电器是否完好		
	4. 宴会厅内无异味、无苍蝇蚊虫		
	5. 宴会厅内温度是否适中		
台面	1. 餐具是否卫生有无破损、杂物		
	2. 鲜花是否新鲜		
	3. 口布花是否整齐摆放，无破损		
	4. 台面是否按标准摆台，有无漏摆物品		
	5. 菜单打印已经放在指定位置，有无席签		
布草类	1. 底布、面布、托盘垫布，洁白无破损		
	2. 沙发、椅子（套）洁净、无污迹皱褶		
分工准备	1. 人员安排合理、分工明确，指定管理人员负责		
	2. 确定接待人员提前到位		
	3. 确定备用餐具，酒水，用具是否齐备		
	4. 学习餐单内容，准备好客人的特殊餐食		
	5. 提前点好茶水、酒水时，相关配备品（如冰块）要到位		
	6. 检查热水温度		
	7. 上凉菜也可根据开餐时间提前20分钟随即调整凉菜到位，扒盖到位		

检查人： 督查人：

知识拓展

自助餐的餐间服务时，要留意观察客人用餐情况，并根据客人的刀叉摆放位置，合理收拾餐盘，详见图3-3。

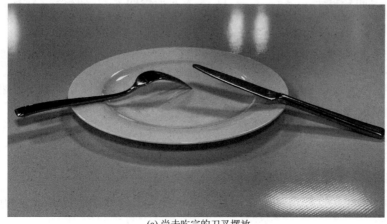

(a) 尚未吃完的刀叉摆放

图3-3

(b) 已吃完的刀叉摆放

图3-3　不同刀叉的摆放位置说明图

知识检测

1. 单项选择题

（1）铺台布时要求一次到位，台布（　　　）。

A. 正面凸缝朝上　　B. 正面凸缝朝下　　　　C. 反面凸缝朝上　　D. 反面凸缝朝下

（2）一般用于托运较重物品的托盘是（　　　）。

A. 大方形托盘　　　B. 大圆形托盘　　　　　C. 中圆形托盘　　　D. 小方形托盘

（3）中餐零点餐厅，一般只摆放（　　　）。

A. 啤酒杯　　　　　B. 软饮料杯　　　　　　C. 烈酒杯　　　　　D. 葡萄酒杯

（4）要求冰镇后饮用的酒有（　　　）。

A. 红葡萄酒　　　　B. 白葡萄酒　　　　　　C. 茅台酒　　　　　D. 黄酒

（5）餐桌上的菜肴过多时，服务员应（　　　）。

A. 将客人不太爱吃的菜撤走　　　　B. 大盘换小盘

C. 盘子上面叠盘子　　　　　　　　D. 等客人把台面上的菜吃得差不多了再上菜

2. 判断题

（1）中餐零点餐厅，一般要摆放软饮料杯、葡萄酒杯和烈性酒杯。（　　　）

（2）放转台要求居中，横拿轻放，底座旋转灵活。（　　　）

（3）服务员上菜时要注意，若是满桌可以盘子叠盘子，不可大盘换小盘。（　　　）

（4）电话铃响三声以内迅速接听，报餐厅名称并主动问好。（　　　）

任务实施

1. 实训目标

了解内河游船餐饮服务的具体项目；能根据客人用餐需求提供相应的服务。

2. 实训内容

以小组为单位，完成自助餐服务、零点服务、宴会服务接待任务。

3. 实训资料

参考国家级职业教育专业教学资源库"国际邮轮乘务管理"子项目"内河游船运营与管理"。

4. 实训注意事项

小组的合理分配、人员的构成、有效资料的收集。

5. 实训步骤

（1）实训准备。按规定准备资料、分组，分配角色。
（2）分组讨论。根据安排内容进行小组讨论。
（3）总结记录。做好记录，并进行分析、总结。
（4）教师点评。对部分小组现场点评。

6. 实训评价

学生自评

序号	技能自评内容	评价标准	达标	未达标
1	准备工作	能够按照规定准备相关工具、分组、分配角色，有条不紊，安排有序		
2	实施工作	是否能够充分的讨论、对知识点掌握的熟练程度		
3	总结工作	得出结论是否条理清晰，表述准确，符合教学要求		
序号	素养自评内容	评价标准	达标	未达标
1	协作意识	团队分工明确，沟通顺畅，共同完成实训任务		
2	职业道德	能够严格遵守实训要求，按照场景要求分组；团体合作意识；采用适用的讨论方法		
3	工匠精神	操作严谨、规范，能对内容准确分析		
4	创作精神	提出具有可行性建议		

教师评价

序号	技能评价内容	评价标准	达标	未达标
1	准备工作	能够按照规定设计、分组、分配角色，有条不紊，安排有序		
2	实施工作	各小组学生是否按照要求进行讨论，实施过程是否规范		
3	总结工作	各小组结论是否符合要求，具有实际指导意义		
序号	素养评价内容	评价标准	达标	未达标
1	协作意识	团队分工明确，沟通顺畅，共同完成实训任务		
2	职业道德	能够严格遵守实训要求，全程参与实训		
3	工匠精神	操作严谨、规范，能对内容准确分析		
4	创作精神	提出具有可行性建议		

✖ 课后提升

案例：宴会预订函

尊敬的 ×× 酒店宴会预订部：

我们计划于 2022 年 6 月 3 日下午 18：00 在贵店举办"白山滑雪运动协会年

会"，拟预订中餐晚宴 8 桌，每桌 10 人，宴会活动预计持续 2.5 小时，预算大约每桌 1800 元。本次宴会须设主席台，并配备音、视频设备，赴宴客人包括轮椅客人 5 位、儿童客人 3 位、全素食客人 1 位。我们在活动中计划播放"滑雪运动 10 年珍贵镜头"。

烦请在收到此函后 3 日内与我确认预订详情，并请附上贵店为我们提供本次服务的具体设计方案。涉及此次宴会的有关事项请直接与我联系。谢谢！

联系人：××

联系电话：×××××××

针对以上预订函提供的信息，请同学们完成以下任务：

1. 给客人写 1 份要素完整的预订回复函。

2. 撰写服务接待方案 1 份（不少于 1000 字）。

任务2　认知内河游船客房服务

任务简介

1. 任务描述

完成对内河游船客房服务的基础认知；完成中式铺床实践操作。

2. 任务要求

符合内河游船客房服务要求与标准，完成客房服务——中式铺床。

3. 学习目标

（1）知识目标：了解客房部的服务要点。

（2）能力目标：能按照客房服务规范提供对客服务。

（3）素养目标：有良好的表达能力、沟通能力与协调能力。按规范做事，按流程办事，树立严谨的规范意识和制度意识；培养文明服务、个性化服务素养。

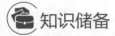 知识储备

客舱是游船宾客基本的住宿空间。客房部是专为宾客提供干净、整洁、舒适、美观的住宿环境，而且还负责游船公共区域的清洁、布草清洗及洗衣服务等工作的部门。客房服务在很大程度上体现了内河游船的服务水平和质量。

M3-4 内河
客房服务

（一）内河游船客房服务主要工作

内河游船客房服务主要工作有保持客房卫生干净、对客服务热情、保障设施安全稳定、保障宾客人身及财产安全、布草洗涤保养。

① 保持客房卫生干净。客房是宾客休息的空间，为宾客提供良好的居住环境，就必须保持客房的干净整洁。

② 对客服务热情。客房服务员要为宾客提供热情周到的服务，除了对客房卫生进行清洁和保养，还要为宾客提供问询服务、24 小时送餐服务、叫醒服务、行李服

务等。

③ 保障设施安全稳定。现代内河游船在客房配备了很多现代化的客房设施设备。客房服务员要做好对这些设施设备的日常保养和维护工作。如果设备出现故障，应立即下维修通知单到工程部，以确保宾客权益。

④ 保障宾客人身及财产安全。内河游船客房服务员要有强烈的安全责任意识，主动为宾客介绍游船基本安全常识，做好各项日常安全检查，消除安全隐患。

⑤ 布草洗涤保养。内河游船上洗衣房要按质保量地完成宾客衣物洗涤工作，满足宾客的洗衣需求以及布草清洗工作的正常进行。

（二）内河游船客房服务项目与规范

客房是宾客在游船上逗留时间最长的地方，宾客对客房更有"家"的感觉。因此，客房的卫生是否清洁，环境是否舒适是影响宾客是否选择游船旅行的重要标准，也是宾客衡量"价"与"值"是否相符的主要依据。因此，客房的卫生清洁工作是客房部最基本的工作内容之一，也是客房部服务管理的重要内容，应引起高度重视，并严格按照服务规程制定的标准、要求来进行管理和检查。

游船接待宾客，要保持客房整洁、舒适、用品齐全。客房每天清扫三次（早、中、晚），及时按顾客需求提供清扫。内河游船客房服务员负责日常维护和清扫工作以保证客房达到规定的卫生标准。清扫已入住的房间时应注意：清点客房的物品（包括毛巾类）；宾客的文件、杂志等稍加整理；私人贵重物品不要动；睡衣、裤叠好放于枕边，西服用衣架挂好；按客房卫生清扫程序逐间清扫房间和卫生间，清扫时间为 25 ～ 30min/ 间，每人每天平均清扫 14 ～ 16 间客房。

1. 客房清洁卫生服务规范

不同类型的客房在具体清洁内容上会有区别，而客房的清洁服务程序是基本一致的，具体操作如下：

（1）清洁前的准备工作

① 了解房态。为提高客房清洁服务的质量和效率，一般选择在宾客下船游览景点时，进入客房，开始每日客房清洁工作。

② 准备工作车、清洁工具。工作车是客房服务员整理、清扫房间的主要工具，准备是否妥当直接影响清扫的效率。一般可在每一班次结束前做好准备工作，在每班工作前应做一次检查。准备工作的基本内容为：将工作车擦拭干净，将干净的垃圾袋和布草袋挂在挂钩上，再把棉织品、水杯、文具用品及其他各种客用消耗品备好，整齐摆放。

③ 备齐各种清洁剂、干湿抹布、不同刷子、清洁手套等各种清洁工具。检查清扫工具如吸尘器的各部件连接是否严密、有无漏电现象，检查蓄尘袋的灰尘是否倒掉。

（2）住客房的清洁程序

① 停放工作车。工作车应挡住房门 1/3 靠墙停放，这样既便于取用工作车上的物品，又不致使住客房的宾客出入房间遇到障碍。

② 敲门进入房间。敲门前要先观察门上是否挂有"请勿打扰（Do Not Disturb）"牌，敲门要先轻轻敲三下，然后报称客房服务员（housekeeping），若宾客未下船出游，则待宾客允许后方可进入。一般住客房内的宾客不出意外均下船游览景点了，

即使这样也需要叩门三声并报名，重复三次仍没有回答时，可用钥匙慢慢把门打开。

③ 房内整理。拉开窗帘，开窗通风（不能开窗的要开大空调通风量），关闭客房内的电器和照明灯。

④ 清理垃圾杂物。将房间和卫生间的垃圾、纸篓废弃物等收集倒入工作车的垃圾袋内。将用过的杯子放入卫生间准备刷洗或放回工作车准备调换。不经宾客同意，不得擅自将宾客的剩余食品、饮料、自带用品等撤出房间。尤其是女性化妆品，即使是用完的空瓶、空盒也不得扔掉。房内可能有保留价值的东西不可随意丢掉。

⑤ 铺床。中式铺床主要包括以下步骤：

中式铺床	1. 拉床	站在床尾，将床和床垫同时拉出约 50cm
	2. 铺床单	（1）抖单； （2）定位； （3）包角
	3. 铺被套	站在床头或床尾的中间位置，将被套抛盖于床上，被套的中折线处于床的正中位置上
	4. 套被套	（1）打开羽绒被，压入被套内，做有序套被操作； （2）抓两角抖棉胎，将羽绒被抛盖于床上，系好被套口绳子，开口在床尾
	5. 套枕套	展开枕套，把枕芯两角抓紧，塞入枕套，将开口部分整理好
	6. 放枕头	枕头开口反向床头柜，放在床头中间
	7. 将床复位	用小腿的力量将床身缓缓推回原位置

⑥ 清洁除尘。与陆上酒店不同，内河游船客房一般不配备烟灰缸。出于安全考虑，游船上所有室内区域禁烟，客房也不例外。抹尘遵循先上后下、先里后外、先湿后干的原则，做到不留死角。抹的过程中将移动物品按规定放回原位，并默记待补充的物品。每抹一件家具、设备，都要留意检查是否有损坏，一经发现要及时记录。

⑦ 清洁卫生间。清洁卫生间主要包括以下步骤：

清洁卫生间	1. 进入	将脚踏垫置于卫生间门口，清洁桶放于卫生间中间
	2. 清理杂物	（1）刷洗烟缸，撤出宾客用过的毛巾、漱口杯、肥皂、牙具及其他杂物； （2）清理纸篓
	3. 清洗面盆及梳妆台	在海绵上倒上适量清洁剂，擦洗面盆、梳妆台以及水龙头等金属器件，冲净、抹干、擦亮
	4. 清洗浴缸	（1）先关闭浴缸活塞，放少量热水和清洁剂在浴缸中，用浴缸刷刷洗浴缸内外、墙壁、金属器件，打开浴缸塞，放掉污水； （2）用清水冲洗浴缸、墙壁等，最后抹干、擦亮
	5. 清洁恭桶	放水冲洗恭桶，在恭桶内喷上恭桶清洁剂，用恭桶刷刷洗恭桶内壁，放水冲净，用专用抹布擦净恭桶外壁及盖板
	6. 卫生间抹尘	准备好干湿抹布，依次擦拭卫生间门内外、镜面、梳妆台四周墙壁、电话等
	7. 补充棉织品及易耗品	将干净棉织品按酒店规定折叠、摆放；补充卫生间各种低值易耗品，按规定摆放整齐
	8. 清洁卫生间地面	用专用湿抹布从里到外，沿墙角平行擦净整个地面
	9. 检查	检查有无遗漏之处。撤出清洁用具，关灯，将门半掩

⑧ 补充每日客用物品。适时适量对客房的客用物品进行补充，按规定的位置摆放好，保障宾客使用。

⑨ 吸尘。吸尘由里往外吸，注意写字台底、床头柜底等边角的吸尘。注意有移动的家具要顺手挪回原位。

⑩ 填写客房清洁报表。

2. 客房的计划卫生

客房的计划卫生是指在日常做客房卫生清洁的基础上，拟定一个周期性清洁计划，采取定期循环的方式，将客房中平时不易清扫或清扫不彻底的地方全部清扫一遍，以保证客房的卫生清洁质量，维持客房设施设备的良好状态。其主要包括地面保养（地板打蜡、清洗地毯）、家具设备设施保养（木制家具打蜡，翻转床垫，擦拭铜器具以及顶灯，烟雾报警器、空调出风口、门窗玻璃擦拭等）、除尘消毒（清洗浴帘、窗帘，地漏喷药，墙壁清洁）等内容。各游船客房维护保养的计划虽然不尽相同，但基本上可以分为定期和不定期两类，需要制订每月、每季、每年的周期计划。客房部要制订计划卫生表，安排服务人员实施，并由领班检查计划的落实情况。

3. 客房清洁卫生的控制

客房清洁保养的标准主要有三个方面的内容：

一是操作标准，用于对过程的控制，主要对进房次数、操作标准、布置规格、费用控制进行规定。

二是时效标准，用于对进程的控制，如规定清扫一间客房的时间，每天应完成的工作量等。时效标准的设置便于检查、管理、督导、评价员工工作表现，同时有利于激发员工的积极性和主动性。

三是质量控制标准，用于对结果的控制，其总体要求是体现游船客房的档次和服务规格，满足宾客的要求。客房清洁保养质量标准通常包括三个方面：

视觉标准，即宾客、员工和管理者凭借视觉、触觉或嗅觉能够感受到的标准，但因个体感受不同，视觉标准只是表面形象。

生化标准，是由专业卫生防疫人员进行专业仪器采样与检测的标准，包含的内容有洗涤消毒标准、空气卫生质量标准。与视觉标准相比，客房清洁卫生质量更深层次的衡量标准是生化标准。

微小气候质量标准，要求客房内的温度、湿度、采光照明及环境噪声等，符合人体的最佳适宜度。

（三）内河游船公共区域的卫生管理

1. 公共区域的概念

在游船上，凡是公众共同享有的活动区域都可以称为公共区域，即 PA（public area）区。一般分为室内部分和室外部分，室外部分又叫外围区域，是指客房外部属于游船的公共区域，例如，走廊、甲板、大堂、客用洗手间、餐厅、多功能厅、会议室、宴会厅、游泳池等供宾客活动的范围，也被称为前台区域；为游船员工划分出来的活动和休息的场所则被称为后台区域，如行政办公区域、员工活动室、员工餐厅、更衣室、休息室等。

2. 公共区域卫生管理范围

公共区域卫生的管理范围，是根据游船的规模、档次和其他实际情况而定的。主要包括：

① 负责船岸连接区域、大厅、客用电梯的清洁卫生；

② 负责餐厅、宴会厅及多功能厅等场所的清洁保养；

③ 负责游船所有公共卫生间的清洁卫生；

④ 负责行政办公区域、员工更衣室等员工使用区域的清洁卫生；

⑤ 负责游船卫生防疫工作，定期喷洒药物，杜绝"四害"；

⑥ 负责游船的绿化布置和苗木的保养繁殖工作。

3. 公共区域的卫生管理

① 定岗划片，分工负责。公共区域卫生管辖范围广，工作繁杂琐碎，需要实行定岗划片、包干负责的方法，才能有利于管理和保证卫生质量。

② 制订计划卫生制度。为了保证卫生质量的稳定性，控制成本和合理地调配人力和物力，必须对公共区域的某些大的清洁保养工作，采用计划卫生管理的方法，制订相应的计划卫生制度。

③ 实行走动管理。公共区域管理人员要实行走动管理，加强巡视，检查卫生质量，了解员工工作状态，及时发现问题并进行整改，做好检查记录。

④ 制订卫生操作程序，分级归口，责任到人。公共区域卫生管理范围广、内容多。为此，要进行分级归口管理，即将卫生管理工作的责任落实到具体工作人员，同时授予相应的管理权限，实行专人负责，定期检查，从而保证卫生质量。

⑤ 分门别类、制定检查标准。管好公共区域卫生的关键是有一套完整的卫生检查标准。在制定卫生检查标准时，既要有统一标准，又要有分项标准，以便实行工作标准化管理。卫生检查的方法是服务员自我检查，领班全面检查，主管每天抽查，部门经理重点抽查，同时开展卫生评比活动。

知识拓展

夜床服务

夜床服务又叫开晚床服务或夜间服务，即对住客房进行晚间就寝前的整理。夜床服务主要包括开夜床、整理房间、清理卫生间等三项内容。夜床服务一般在晚上18：00 至 20：00 进行，因为这个时段客人多外出就餐，不会打扰客人。通过夜床服务，能够使客人感到舒适温馨、同时方便客人入睡，这是一种个性化的客房服务。如图 3-4 所示为湖北三峡职业技术学院学生的开夜床作品。

图3-4 湖北三峡职业技术学院学生参加全国中式铺床比赛现场——开夜床作品
（原创图片，请勿转载）

知识检测

1. 单项选择题

（1）酒店最主要也是最稳定的经济来源是（　　　）。

A. 客房收入　　　　B. 饮食收入　　C. 商场收入　　D. 综合服务收入

（2）标准房内应放置（　　　）。

A. 一张双人床　　　　　　　B. 两张单人床

C. 一张单人床　　　　　　　D. 一张双人床、一张单人床

（3）标准间客房的起居空间在（　　　）。

A. 窗前区　　　　B. 房间过道　　C. 写字台前　　D. 卫生间

（4）清扫客房时，房内电话铃响了，而宾客不在房内，服务员应（　　　）。

A. 去接电话　　　　　　　　B. 不予接听，继续工作

C. 将电话掐断　　　　　　　D. 接听电话，告诉宾客不在

（5）宾客不在房间，如有来访者，服务员不应（　　　）。

A. 让来访者等候　　　　　　B. 让来访者在房间等候

C. 让来访者留言　　　　　　D. 让来访者留下电话号码

2. 判断题

（1）火灾是客房常见安全事故之一。（　　　　）

（2）如果宾客物品被盗，楼层服务员须第一时间与公安部门联系。（　　　　）

（3）客房服务员发现生病的宾客要及时向上级报告并作好记录。（　　　　）

（4）如宾客醉酒后在楼层大声吵闹或损坏物件，客房服务员应立即将宾客强行制服。（　　　　）

（5）如果住客需要，客房服务员应该帮宾客买药或提供相关药品。（　　　　）

任务实施

1. 实训目标

掌握内河游船的客房服务内容。

2. 实训内容

以小组为单位，完成客房中式铺床的实训。

3. 实训资料

参考国家级职业教育专业教学资源库"国际邮轮乘务管理"子项目"内河游船运营与管理"。

4. 实训注意事项

小组的合理分配、人员的构成、有效资料的收集。

5. 实训步骤

（1）实训准备。按规定准备资料、分组，分配角色。

（2）分组讨论。根据安排内容进行小组讨论。

（3）总结记录。做好记录，并进行分析、总结。

（4）教师点评。对部分小组现场点评。

6.实训评价

学生自评

序号	技能自评内容	评价标准	达标	未达标
1	准备工作	能够按照规定准备相关工具、分组、有条不紊，安排有序		
2	实施工作	是否能够充分的讨论、对知识点掌握的熟练程度		
3	总结工作	得出结论是否条理清晰，表述准确，符合教学要求		

序号	素养自评内容	评价标准	达标	未达标
1	协作意识	团队分工明确，沟通顺畅，共同完成实训任务		
2	职业道德	能够严格遵守实训要求，按照场景要求分组；团体合作意识；采用适用的讨论方法		
3	工匠精神	操作严谨、规范，能对内容准确分析		
4	创作精神	提出具有可行性建议		

教师评价

序号	技能评价内容	评价标准	达标	未达标
1	准备工作	能够按照规定设计、分组、有条不紊，安排有序		
2	实施工作	各小组学生是否按照要求进行讨论，实施过程是否规范		
3	总结工作	各小组结论是否符合要求，具有实际指导意义		

序号	素养评价内容	评价标准	达标	未达标
1	协作意识	团队分工明确，沟通顺畅，共同完成实训任务		
2	职业道德	能够严格遵守实训要求，全程参与指导		
3	工匠精神	操作严谨、规范，能对内容准确分析		
4	创作精神	提出具有可行性建议		

课后提升

案例：一粒纽扣

有位客人入住某酒店，要求送洗客衣，当服务员在为其熨烫衬衫时，发现有一粒衬衫的纽扣掉了。因为是件名牌衬衫，所有的纽扣都有图案并与衬衫的颜色相匹配。酒店洗衣房未配有此物。在征求客人意见时，客人很豪爽地说："不碍事"。

虽然客人说"不碍事"也并没有要求服务员做什么，但是洗衣房的员工却利用下班时间，在市场上寻找着同样款式与颜色的纽扣。在找了数十家专卖店后，终于买到了同样的纽扣。当再次将清洗的衣服送还客人时，客人惊讶地发现衣服已挂在衣柜内，包括那排整齐的纽扣。此时他马上致电房务经理，连声地称赞，说真的有种回家的感觉。

思考题：在对客服务的过程中，怎样才能让客人满意和惊喜？

任务3 认知内河游船前台服务

任务简介

1. 任务描述

完成对内河游船前台服务的基础认知；模拟前台接待服务。

2. 任务要求

符合内河游船前台接待服务要求与标准，完成前台接待服务。

3. 学习目标

（1）知识目标：会描述游船前台接待的具体服务项目。会说明更换客房的原因、程序和注意事项。

（2）能力目标：能解决游船接待中出现的常见问题。

（3）素养目标：有良好的表达能力、沟通能力与协调能力。树立服务意识，强化内河游船职业素养。

知识储备

前台是游船上直接对客服务的场所，也是各项信息汇集的中心，直接为宾客提供服务。前台接待服务是前台中最为重要的服务，内河游船必须设立专职的接待机构，24小时为宾客解答各种问题并提供帮助。前台接待服务主要包括：为宾客办理换房、客房升级、退房及其他各项相关服务；管理宾客的上下船信息；处理宾客的投诉和特殊要求；提供留言、咨询、电话和船上广播服务；适度的推销服务等。

内河游船前台为宾客提供的接待服务具有面对面接触、规程严谨、内容多且复杂的特点，而且对游船客房销售、服务协调、客史档案的建立、客账的完善等工作产生重要影响，因此，前台接待服务是前台服务全过程的重要环节。

1. 认识游船前台

内河游船前台，也叫总台或宾客服务台，主要为宾客管理登/离船信息，提供收银相关服务，解决宾客投诉、咨询和接待等服务。与陆地酒店前台一样，游船前台也是前台活动的主要焦点，为了方便宾客寻找，一般设在游船大堂中醒目的位置。

2. 游船前台的设施配备

游船前台是游船上为宾客提供对客服务的一线部门，其设施设备应齐全、先进、性能优良。游船前台的设施设备主要有：配备游船前台操作系统的电脑、电话、打印机、复印机、扫描仪、验钞机、制卡机、POS机等。

3. 游船前台岗位的配备

① 前台经理，主要负责游船前台的日常运作。

② 接待员，主要负责为宾客提供各种接待服务，如咨询解答、升舱换房等各种

综合性服务。

③ 翻译员，内河游船的宾客客源包括内宾和外宾，为便于语言交流，宜在前厅处配备一名翻译人员，为外宾提供翻译服务。

4. 游船前台员工的素质要求

游船前台是游船上与宾客交流接触最为紧密的地方，宾客在游船上的衣食住行，甚至岸上观光等都是由前台协助解决，因此，前台员工需具备一定的素质要求。

① 游船前台员工需要具备较高的语言水平，最好会使用两种以上的语言，其中英语是游船上的通行语言，前台员工必须能使用英语与宾客无障碍沟通。

② 良好的形象气质也是游船前台员工的优先考虑因素。在招聘前台员工时明确要求女士身高至少 168 厘米，男士身高至少 178 厘米。

③ 具有五星级酒店或相关行业前台类工作经验，熟悉前台财务和收银的工作流程。

④ 懂得办公室设备基本操作，如电脑、打印机、复印机、扫描仪、POS 机等，能熟练操作游船前台管理系统。

⑤ 能够妥善、有技巧地与宾客、上级及船员沟通，能巧妙地解决投诉等。

5. 游船前台接待服务的项目

游船前台接待服务涵盖的内容多且复杂，宾客在行程中遇到的所有问题都可以通过前台获得解决。

（1）客房更换

基于宾客安全及安保因素的考虑，客房更换事宜必须于开航后由前台负责办理，重新登记和换发新的游船登船卡。宾客不能自行更换房间，因为游船登船卡是宾客在船上的身份证明和消费凭证。

（2）升舱服务

与航空公司和陆地酒店回馈忠实客户一样，内河游船公司也会给其忠实会员提供更高价值的服务。越是频繁地乘坐同一家公司的游船，越有可能获得免费或付费舱房升级优惠。宾客上船后，前台会根据宾客以往乘坐情况，给予免费或少量付费升舱服务。若宾客自己提出需要升舱服务，前台需要查看是否有空位，只要客房有空位即可升级，但需要宾客支付差价。

（3）失物招领

如果宾客在船上丢失物品，应及时与前台联系，前台会联系相关部门和员工帮忙寻找。如果宾客发现其他宾客丢失的物品，应尽快交由前台保管和处理。

（4）提供部分药品

船上有专门的医疗服务，除此之外，前台还免费为宾客提供部分药品，如晕车药、创可贴、碘伏、纱布和棉签等，若宾客有需要可到前台领取。

（5）翻译服务

为了方便游船运营方与外籍宾客之间的沟通，前台还设立专门的翻译岗位，该岗位主要为外宾提供笔译和口译服务。

（6）贵重物品保管

船上每间房均设有保险箱，如有贵重物品或现金，为了避免遗失，宾客可放入客房保险箱内保管。搭乘游船期间，游船的宾客服务柜台也提供保险箱用以保管宾客的贵重物品或金钱。

游船前台接待服务的内容远不止于此，还包括提供各种问讯、船上广播、解决宾客投诉等，同时还有协助登船部员工完成登船工作，负责宾客的上下船手续的办理，管理宾客的证件等。可以说，宾客在船上有任何需要或遇到任何问题都可找前台帮忙解决。

6. 更换客房的原因

（1）宾客要求更换客房

① 宾客对客房有特殊要求，如要求更改客房的甲板层、房号、大小、类型、位置等。

② 客房内部设施设备出现故障或卫生情况太差，如马桶漏水严重。

③ 宾客想住价格更高或更低的客房。

（2）游船要求宾客更换客房

① 客房发生一时无法修复的故障。

② 由于集中使用某一层甲板、某一区域客舱，需要给宾客更换客房。

③ 由于某客房内发生了凶杀、失窃、死亡等意外事件，为保护现场必须封锁该房，房内其他宾客须作换房处理。

7. 更换客房的程序

① 了解更换客房的原因。当宾客提出要求更换客房时，首先应了解原因，如果宾客有充分的理由，在有空房的情况下应立即为宾客更换客房；如果理由不充分，先做解释工作，如果宾客还坚持要更换客房，在有空房的情况下应尽量满足宾客的要求。

② 查看客舱状态资料，为宾客安排房间。如果因为客满无法满足宾客的换房要求，应向宾客就无法提供客房更换表达歉意；若客舱确实很差，应报主管视具体情况给宾客一定的费用折扣或减免。

③ 为宾客提供行李服务。通知行李员引领宾客到新的客房，并实施换房行李服务。

④ 发放新的游船登船卡并收回原游船登船卡。

⑤ 前台接待员更改电脑资料，更改房态。

8. 更换客房的注意事项

① 如果因为客满无法满足宾客的换房要求，应向宾客就无法提供客房更换表达歉意，若客舱确实很差，应报主管视具体情况给宾客一定的费用折扣或减免。

② 当不得不在宾客不在房内期间给宾客换房时，前台接待员应事先与宾客联系表达歉意，得到宾客许可后，请宾客将行李整理好，然后由行李员将行李搬到新的客房，此时，前台主管、客房服务员和行李员都应该在场，而且，必须确认宾客的所有东西都已搬到另一间客房。

9. 解决游船前台接待中的常见问题

（1）宾客可以随意调换客房吗？

任何游船公司都禁止宾客随意调换客房，因为会影响到行李的派送和电脑记账业务。若宾客想调换客房，须与游船前台联系办理。在游船尚有空房的情况下，可调换至价位较高的房间。

（2）宾客可以私下互相交换房卡吗？

这种行为是绝对禁止的，因为房卡除了是房间钥匙之外，也是宾客在船上的消费记账卡和身份证明，以及办理通关手续时领取上岸许可证的凭证。若私下互相交换房卡，可能会导致出现财务纠纷并影响宾客上下船。

（3）可以中途离船吗？

宾客临时改变行程或因私人原因，或其他因素而中途离船、脱队或赶不上船都是允许的，但由此所产生的一切费用需宾客自理。

（4）有没有提供婴儿床、婴儿澡盆及婴儿推车？

游船提供专业、安全性更高的婴儿床、婴儿澡盆和婴儿推车，由于数量有限，宾客需在预订时提出申请。

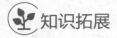 知识拓展

内河游船前厅部的地位

前厅部一般都设置在游船大堂最显眼的位置，使客人进入游船后能够很方便地找到服务台，以便办理相关的入住等手续。前厅部也被称作大堂部或总服务台。"大堂部"的名称突出了其在游船中的位置以及与大堂有关区域的关系。而有些客人称呼其为"总服务台"则强调了其在游船综合服务中的重要地位与作用。

内河游船前厅部是现代游船的重要组成部分，在游船经营管理中占有举足轻重的地位。前厅部的运转和管理水平，直接影响到整个游船的经营效果和对外形象。由于其工作具有接触面广、政策性强、业务繁杂、关系全局等特点，所以它在内河游船中具有十分重要的地位和作用，主要表现在以下几个方面：

（1）前厅部是内河游船业务活动的中心

内河游船主要为客人提供食宿，客房是内河游船最主要的产品。前厅部要通过积极开展客房的预订业务，为登船的客人办理入住登记手续及安排住房，来宣传和推销游船的产品；同时，前厅部还要及时地将客源、客情、客人需求及投诉等各种信息传递给其他部门，共同协调全游船的对客服务工作，以确保服务工作的效率和质量。因此，前厅部在游船的经营活动中是承上启下、联系内外、疏通左右的枢纽，可以说是整个游船的神经中枢。

（2）前厅部工作贯穿于客人与游船交易往来的全过程，是客人与游船联系的纽带

前厅部自始至终都是为客人服务的中心，前厅部人员为客人提供的服务从客人登船前的预订入住，直至客人离船结账，建立客史档案，贯穿于客人与游船交易往来的全过程。

（3）前厅部是游船管理机构的代表

客人在游船上的整个停留期间，前厅部要提供各种有关的服务，客人遇到困难要找前厅部寻求帮助，客人感到不满时也要找前厅部投诉。在客人的心目中，前厅部便是游船的全部。

知识检测

1. 单项选择题

（1）前厅部员工与宾客进行交流时，应注意与宾客保持有效的距离（　　）。

A.0.8～1m

B.0.15～0.46m

C.0.46～1.2m

D.1.2～3.6m

（2）办理退房结账手续是宾客离店前所接受的最后一项服务，一般要求完成时间（　　）。

A.5 分钟　　　　B.2～3 分钟　　　　C.10 分钟　　　D.30 分钟

（3）先介绍所提供的服务设施与服务项目、特色等，最后提出房价，这种报价方式是（　　）。

A."冲击式"报价

B."夹心式"报价

C. 利益引诱法

D."鱼尾式"报价

（4）内河游船工作的"橱窗"，代表着游船的对外形象是（　　）。

A. 前厅　　　　B. 客房　　　　C. 餐厅　　　　D. 销售部

（5）敲门时，客房服务员的身体与门的距离应为（　　）。

A.100cm　　　　B.50cm　　　　C.30cm　　　　D.70cm

2. 判断题

（1）客房超额预订是指饭店在订房快要满的情况下，再适当增加订房的数量，以弥补少数宾客临时取消预订而出现的客房闲置。（　　）

（2）客房家具功能选择的原则是：格调统一，色彩协调，式样美观。（　　）

（3）若服务员遇到酒醉宾客的特殊情况，为了避免意外发生，可以单独扶宾客入房及帮助宾客宽衣。（　　）

（4）如挂有"请勿打扰"牌，则用手轻轻敲三下门，然后直接用钥匙开门。（　　）

（5）前厅是给宾客留下第一印象和最后印象的地方。（　　）

任务实施

1. 实训目标

掌握前台接待服务要求与标准，了解和掌握内河游船前台服务。

2. 实训内容

以小组为单位，模拟前台接待服务。

3. 实训资料

参考国家级职业教育专业教学资源库"国际邮轮乘务管理"子项目"内河游船运营与管理"国家教学资源库（智慧职教）。

4. 实训注意事项

小组的合理分配、人员的构成、有效资料的收集。

5. 实训步骤

（1）实训准备。按规定准备资料、分组，分配角色。

（2）分组讨论。根据安排内容进行小组讨论。

（3）总结记录。做好记录，并进行分析、总结。

（4）教师点评。对部分小组现场点评。

6. 实训评价

学生自评

序号	技能自评内容	评价标准	达标	未达标
1	准备工作	能够按照规定准备相关工具、分组、分配角色，有条不紊，安排有序		
2	实施工作	是否能够充分的讨论、对知识点掌握的熟练程度		
3	总结工作	得出结论是否条理清晰，表述准确，符合教学要求		
序号	素养自评内容	评价标准	达标	未达标
1	协作意识	团队分工明确，沟通顺畅，共同完成实训任务		
2	职业道德	能够严格遵守实训要求，按照场景要求分组；团体合作意识；采用适用的讨论方法		
3	工匠精神	操作严谨、规范，能对内容准确分析		
4	创作精神	提出具有可行性建议		

教师评价

序号	技能评价内容	评价标准	达标	未达标
1	准备工作	能够按照规定设计、分组、分配角色，有条不紊，安排有序		
2	实施工作	各小组学生是否按照要求进行讨论，实施过程是否规范		
3	总结工作	各小组结论是否符合要求，具有实际指导意义		
序号	素养评价内容	评价标准	达标	未达标
1	协作意识	团队分工明确，沟通顺畅，共同完成实训任务		
2	职业道德	能够严格遵守实训要求，全程参与指导		
3	工匠精神	操作严谨、规范，能对内容准确分析		
4	创作精神	提出具有可行性建议		

 课后提升

案例：开重房

某晚八时，某酒店前台开重房。将刚出租的1311房又安排给了住店的日本客人，客人进房后没有发现已有人入住，将行李放下，大衣挂在衣橱内去餐厅用餐。前台发现开重房后没有及时汇报，在餐厅找到了日本客人，将他的房间换至1511房并答应客人由大堂副经理帮客人把行李拿至1511房。但大堂副经理只拿了客人的行李，却将大衣留在了1311房，待第二天中午客人离店时发现大衣不见，再去1311房寻找时，已没有，原1311房客人也已离店。客人认为是排房和换房的两次失误造成了大衣的遗失，向前台投诉要求给予赔偿。

思考题：你认为前台开重房的原因是什么？

任务4 认知内河游船康乐服务

📧 任务简介

1. 任务描述

完成对内河游船康乐服务的基础认知；严格执行安全工作措施。

2. 任务要求

符合内河游船康乐优质服务的要求与标准，完成康乐接待服务。

3. 学习目标

（1）知识目标：会描述康乐活动具体服务项目；会描述内河游船康乐服务安全知识。

（2）能力目标：能解决康乐服务中的安全问题。

（3）素养目标：有良好的表达能力、沟通能力与协调能力。树立优质服务意识；强化职业素养。

 知识储备

（一）康乐活动概况

内河游船旅游作为一种中高端的休闲旅游方式，开展康乐活动是现代内河游船旅游的特色。由于游船宾客的绝大部分时间都是在游船上，所以游船不仅需要具备陆地酒店的基本功能，还需要提供各种休闲娱乐活动，让各种类型的宾客都能够找到自己感兴趣的活动，丰富游船上的生活。

康乐即为康体娱乐，是指人们为了达到调节身心、恢复体力、振作精神及扩大社会交往的目的，在闲暇时间利用一定的场地、环境、设施设备进行的休闲性和消遣性的活动。在现代内河游船旅游中，康乐是非常重要的一环。

游船组织的各类康乐活动，既很好地满足了宾客的康体娱乐需求，也为游船公司带来了较好的经济效益。很多现代内河游船，其康体娱乐的规模越来越大，康体娱乐的经济收入在整个游船的总营业额中已占有很大的比重。

对于内河游船康体娱乐活动，存在着多种分类方法。一般来说，游船康体娱乐活动按功能特征分类，可分为四大类，分别是文化娱乐类活动、运动健身类活动、岸上观光类活动和休闲购物类活动。

① 文化娱乐类活动不仅具备休闲的功能，还具有传播文化、提升品位的作用。游船上的宴会厅是安排主题娱乐活动的主要场所，例如在船长欢迎晚会上，多才多艺的员工们化身音乐家、舞蹈家、魔术师和杂技表演艺术家，在游船上展示精湛技艺，体现出游船员工们对于高雅艺术的不懈追求。

② 宾客在游船上不仅能欣赏沿途的自然风光，还可以体验各项健身项目。运动健身类活动包含休闲体育运动和保健两大层面。休闲体育运动是指通过徒手或者利用各种器械，运用科学的方式和方法进行锻炼，以达到发达肌肉、增长体力、改善形体和陶冶情操的目的。在游船上，宾客可以参与健身、跑步、瑜伽、游泳、跳绳

等运动。游船上球类运动较多，常见的包括高尔夫球、乒乓球、台球等。游船上提供的新型高尔夫球运动，有 3D 高尔夫和迷你高尔夫练习场等类型。除了传统的健身和球类运动，也会有很多新型的体验类运动出现，常见的包括攀岩、甲板冲浪等。这些特色的健身运动项目，在专业教练的训练帮助下，其收费相对昂贵保健项目主要是指人们通过一定的保健服务，从而达到放松身心、恢复体力、振奋精神的活动项目，主要包括水疗、保健按摩、美容美发等。

③ 岸上观光类活动，是游船旅游的一大特色，特别是对于现阶段的中国游船旅游，宾客在选择游船旅游产品时最先关注"去哪里"。对于游船公司的从业者来说，需要了解游船停靠港以及旅游地理的基本知识，并能够进行岸上观光线路设计。宾客服务部门的员工则负责游船到岸后岸上游览行程的组织、售后和应对投诉等工作，并负责组织游客集合、发团、送客，游船启航之前宾客的回船秩序、疏导和清点宾客数工作。此外，许多游客向旅行代理商购买船票时，岸上旅游景点的费用就已包含在船票中，对船票费用以外的旅游景点，宾客服务部门应做好购买游览行程的计划、组织、售后和投诉等工作，以此促进二次销售。

④ 休闲购物类活动是旅游中的重要一环，游船上的礼品店、特产商品店是宾客必然会光顾的场所。对于购物店的工作人员，要了解目前游船购物店常见品牌的相关知识，并能够进行游船商品营销活动策划。内河游船上的购物产品多为旅游特色商品，主要以工艺品、纪念品，还有地方风味特色食品为主。进入体验经济时代后，旅游由传统的观光、休闲旅游发展到了体验式旅游。旅游者消费的不仅是某种商品或者服务，还包括在旅游中领略到的地域文化。旅游纪念品作为一个地区历史和文化的载体，对当地旅游发展的作用不言而喻。虽然近年来国内旅游纪念品在传承文化方面有一些创新，但与迅猛发展的旅游业相比，还是旅游产业中较为薄弱的环节。

（二）康乐部的优质服务

服务质量的优劣是关系到康乐部门发展的生命线。提供优质服务是康乐部门服务员的应尽之责。

1. 服务的概念

服务是指在一定的场合和时间内，供方满足需方合理需求的单向服务过程。其中，一定的场合和时间是指在营业场所和营业时间内，如果超出这一范围，则不能形成一般的服务与被服务关系，而可能形成其他社会关系。例如，餐厅服务员与出租车司机在不同的场合和时间内，其服务与被服务的角色会互换。概念当中的"供方"是指服务企业，具体提供者是服务员；"需方"是指被服务者，即前来消费的宾客；"合理需求"是指宾客购买服务产品时，双方应遵循等价交换的原则。

2. 优质服务的概念

优质服务是指被服务者对所受服务的满意度超过了其期望值。所谓期望值，是指人们希望某一事物所应达到的水平。就服务行业而言，它是指被服务者希望所受服务应该达到的水平。所谓满意度是指人们对所感受到的事物的满意程度，它是衡量服务质量优劣的动态标准。

可见，评价服务质量的优与劣，要视被服务者的普遍感受而定。当期望值大于满意度时，所受服务即为劣质服务；当期望值等于满意度时，所受服务即为标准服务；当期望值小于满意度时，所受服务才是优质服务。

（三）康乐部优质服务的基本特征

康乐部的优质服务是指消费者对康乐部的管理者和服务员所提供服务的期望值和满意度的相对统一。它的基本特征是建立在规范化服务基础上的个性化服务。

规范化服务即标准化服务，一般可以满足大多数宾客的要求。个性化服务则有所不同，它包括情感服务、特色服务、超常服务等特殊内容。

1. 情感服务

情感服务，顾名思义，是企业的管理者或服务员在为宾客提供服务的过程中倾注了情感的行为。例如，康乐部都建有宾客档案，要求服务员熟悉回头客的一般情况，对第二次来消费的宾客能以姓氏或者姓氏加职务称呼，如××经理、××女士等。这种称谓可以使宾客产生亲近感，易于拉近企业与宾客之间的关系，使宾客时时刻刻都能感到被关注的喜悦，有助于增进宾客与企业管理者及服务员之间的感情，使宾客的期望值更容易得到满足。

2. 特色服务

特色服务是指向宾客提供的具有本企业特点的服务内容和服务行为。服务行为特色是指通过具体的服务过程和服务细节所体现的本企业的服务特点。服务内容特色多与服务项目密切联系。例如：为打网球的宾客免费提供按摩服务，以解除宾客运动后的疲劳；对初学保龄球的宾客免费提供基础知识和技能方面的培训；健身房免费为宾客提供专业化的健身训练指导服务；桑拿浴室免费为宾客提供订餐服务；美发室免费为宾客提供头部按摩服务等。

3. 超常服务

超常服务是指经营过程中向宾客提供的超过常规服务标准和服务范围的服务。它能够满足一些宾客的特殊需求，对提高康乐部的声誉有很好的作用。超常服务是根据"尽量满足宾客的一切正当需求的原则"而提出的。提供超常服务除需要企业管理者授权外，还要求服务员具有良好的素质和能力。现在，提供超常服务越来越受到企业管理者和服务人员的重视。

（四）安全知识

1. 安全防护知识

在康乐服务过程中，掌握必要的安全防护和消防知识十分重要。首先，要树立安全意识，防患于未然。其次，要掌握安全知识，了解何为危险物质，何为危险场所，如何预防危险事故的发生等。再次，掌握处理危险事故的基本技能，如火灾报警、灭火器的使用、事故发生时的应急方法等。总之，树立安全意识，掌握安全知识，遵守各种安全法规是安全生产和生活的重要方面。目前，我国已颁布的安全法规有100多项，使用的安全技术标准有400多项，相关人员应了解和掌握这些法规和技术标准，自觉遵守这些法规，规范安全行为，以提高安全系数。

康乐场所是人群相对密集的区域，如歌舞厅、迪厅、游泳场馆等，一旦出现意外，很容易酿成重大事故。作为康乐场所的管理者，必须制订周密的安全措施和应急方案。康乐场所要有足够的安全通道，通道要畅通，便于识别。要保证电气和机械设备运行状态良好。对可能出现的停电、失火、拥挤等意外事件要有充分的心理准备和有效的应急措施。遇到意外事件时，要服从指挥，服从统一疏导。

2. 引发伤害事故的原因

（1）健身房易发事故及其原因

由于健身设备的功能不同，宾客的身体素质不同，发生事故及运动损伤的情况或原因也不同，归纳起来主要有以下五种：

① 心肺功能训练器、自由重量训练器造成的损伤。

② 宾客使用不当造成的损伤。如减速跑步时，没有按停止按钮，未使机器慢慢停下而造成的伤害。

③ 器械本身发生故障，突然停止、脱落或松懈，引起擦伤、扭伤，甚至骨折等伤害事故。

④ 因使用者的身体素质、心理状态、肌肉状态、技术状态不佳，使动作失控而导致的伤害。

⑤ 由于服务人员保护不当而造成的伤害，如卧推杠铃时保护不当，致人受伤。

（2）游泳池易发事故及其原因

① 由于水质浑浊、清澈度不够，或超员等原因引发的事故。

② 由于救生人员看护力度不够、救生人员不足或无救生员而引发的事故。

③ 由于游泳者自身疾患或不良嗜好，如因患心血管病、高血压而引发的事故；因酗酒而引发的溺水事故等。

④ 由于游泳者体力状态欠佳，如疲劳、体力不支、准备活动不充分而引发的事故。

⑤ 由于游泳者技术水平不佳而引发的事故。此类情况极易引发溺水、溺亡等严重事故，救生人员或新到的服务人员必须特别注意，不许脱岗。

（3）球类运动易发事故及其原因

① 由于活动场地、活动空间、天气变化等原因造成的事故，如地面不平致人摔伤。

② 用具使用不当引发的事故。

③ 心理状态不佳、注意力不集中引发的事故。

3. 伤害事故的预防

为了预防和减少伤害事故的发生，要从分析事故发生的内在及外在原因入手，采取相应的预防措施。

（1）内在原因的预防

① 应让宾客了解自己身体的状况和特点，找出容易引发伤害事故的隐患。如是否有先天性疾病，心肺功能是否良好，肢体的柔韧性如何等。

② 在进行康体娱乐活动特别是健身训练之前，要让宾客做好热身运动，使肌肉、关节及相关器官活动开。每次剧烈运动之后，应让宾客做一些较温和的整理运动，以便让心脏血管系统功能恢复正常，帮助排出肌肉内的代谢物质。

③ 应让宾客进行身体状态的适应性训练。肌肉在经过适应性训练后，可降低持久及剧烈运动时受伤和发生事故的概率，并对关节及各器官产生一定的保护作用。有规律地伸展练习可增加身体的柔韧性，从而减少受伤的可能。

④ 应让宾客做好运动前的心理准备工作。每进行一项运动之前，必须让宾客对该项运动有所了解，这样可帮助运动者集中注意力，缓解紧张情绪及建立信心，还可加深了解自己的能力及弱点。同时，还应让宾客掌握缓解紧张情绪的必要知识。

（2）外在原因的预防

① 熟悉康乐环境。安排康乐活动应视场地是否合适及空间是否足够而定，尤其应注意排除潜在的危险及其他环境因素的干扰，如天气、光线、声音等。

② 进行适当的服务及技术性指导。无论是教练、指导员、服务员，还是其他相关人员，都应对其责任区内的运动项目、康乐设施有足够的认识，了解宾客在体能及技术上的个体差异，以便有针对性地进行指导和服务。另外，要根据客人的能力进行循序渐进的训练，不能要求客人去做一些超出其能力的练习。在指导训练时，教练员要做好保护工作。

③ 检查用具设备及运动服装。在进行杠铃、哑铃、双杠等自由重量训练前，应认真检查相关设备。不同的运动场合应穿不同的运动服装及鞋袜，如跑步时不能穿皮鞋、不能赤脚或穿没有减震功能和快速旋转功能的网球鞋。另外，服务员还要随时检查安全用具的数量及质量，如安全垫的浮皮是否合适等。

④ 合理使用保护性用品。合理使用支架、眼罩或弹性绷带等保护性用品，可降低运动受伤的可能性，但也不要过度依赖保护性用品。

⑤ 遵守活动规则。在进行康体锻炼时，参与者须了解有关活动规则及安全守则，以免造成不必要的伤害事故。

宾客使用康体娱乐设施时虽然难以完全避免出现意外事故，但只要做好上述预防工作，发生事故的概率就会大大降低。

🌱 知识拓展

M3-6 内河游船
康体服务

为了让休闲健身运动效果加倍，科学高效地搭配美味的营养餐，也是当下运动爱好者追求的新时尚之一。那么，怎样才能在游船上吃得健康呢？

1. 确定营养食谱类型

就餐方式一般有两种，一类是包餐制，另一类是选购制。营养食谱的费用根据客人的经济情况确定；确定就餐人群是普通人群还是特殊人群。

M3-7 内河
保健服务

2. 食物品种多样

选择食物品种应注意食物来源品种的多样性。做到主副食平衡，粗细搭配，荤素兼食，有干有稀，多品种、多口味，最终做到食物多样，口味多变，营养合理。

3. 核定饭菜数量

饭菜品种选定后，需要核定饭菜的原料用量。核定原则是既要满足就餐人员的营养需要，又要注意节约，防止浪费。建议根据就餐人员习惯进食量控制食物原料的用量。

4. 调整营养素供给量

在制订营养食谱并核定食物原料用量以后，就应该核定与调整营养食谱营养素的供给量。首先根据食谱定量计算出每人平均获得的营养素是否符合营养素供给量标准的要求，然后对不符合要求的方面加以调整。其次要注意其他营养素的供给量，每日达到供给量标准的 80% 以上。若每日供给量低于标准量的 80%，则需要调整。

5. 烹调方法适当

内河游船营养配餐烹调方法的选择依据是既要保证菜肴质量又要尽可能地减少营养素的流失。

6. 平衡调配

平衡调配的基本原则是：酸碱平衡，荤素搭配，口味多变，营养平衡。

知识检测

单项选择题

（1）康乐活动是在闲暇时间进行的，它是一种（　　）。

A. 非职业性的业余活动　　　　　　B. 职业性的业余活动

C. 专业活动　　　　　　　　　　　D. 业余活动

（2）康乐活动目前是一种（　　）。

A. 少数富有阶层的活动　　　　　　B. 专业人员的职业活动

C. 大众性活动　　　　　　　　　　D. 娱乐性活动

（3）康乐项目按功能特征分类，属于健身类的是（　　）。

A. 按摩　　　　　B. 桑拿　　　　C. 水疗美容与养生（SPA）　　　D. 球类项目

（4）康乐部服务制度中仪容仪表及言行规范不允许（　　）。

A. 男员工头发盖过耳朵及衣领　　　B. 男员工勤剪指甲

C. 男员工按酒店要求着装　　　　　D. 男员工按酒店要求在浴场穿拖鞋

（5）以下哪些是康乐部门经营项目常见的设施设备？（　　）

A. 卡拉 OK 的 DVD 点唱机　　　　B. 电动按摩椅

C. 西餐自助餐台　　　　　　　　　D. 电子游戏机

任务实施

1. 实训目标

掌握康乐活动具体服务项目。

2. 实训内容

以小组为单位，体验康乐健身项目。

3. 实训资料

参考国家级职业教育专业教学资源库"国际邮轮乘务与管理"子项目"内河游船运营与管理"。

4. 实训注意事项

旅游服务相关知识的运用、角色的分配、安全事项。

5. 实训步骤

（1）实训准备。按规定准备资料、分组。

（2）分组讨论。根据安排内容进行小组讨论。

（3）总结记录。做好记录，并进行分析、总结。

（4）教师点评。对部分小组现场点评。

6.实训评价

学生自评

序号	技能自评内容	评价标准	达标	未达标
1	准备工作	能够按照规定准备相关工具、分组，有条不紊，安排有序		
2	实施工作	是否能够充分的讨论、对知识点掌握的熟练程度		
3	总结工作	得出结论是否条理清晰，表述准确，符合教学要求		
序号	素养自评内容	评价标准	达标	未达标
1	协作意识	团队分工明确，沟通顺畅，共同完成实训任务		
2	职业道德	能够严格遵守实训要求，按照场景要求分组；团体合作意识；采用适用的讨论方法		
3	工匠精神	操作严谨、规范，能对内容准确分析		
4	创作精神	提出具有可行性建议		

教师评价

序号	技能评价内容	评价标准	达标	未达标
1	准备工作	能够按照规定设计、分组、分配角色，有条不紊，安排有序		
2	实施工作	各小组学生是否按照要求进行讨论，实施过程是否规范		
3	总结工作	各小组结论是否符合要求，具有实际指导意义		
序号	素养评价内容	评价标准	达标	未达标
1	协作意识	团队分工明确，沟通顺畅，共同完成实训任务		
2	职业道德	能够严格遵守实训要求，全程参与实训		
3	工匠精神	操作严谨、规范，能对内容准确分析		
4	创作精神	提出具有可行性建议		

课后提升

撰写策划方案，针对给出的问题，要求每位同学上交一份内河游船营养配餐的设计策划方案。问题如下：

厨师小张对"采用哪种烹调方式可以使营养素流失最少，在烹饪中采用何种手段可减少营养素的流失"存在困惑，请你为他提出建议。

任务5　认知内河游船岸上观光导游接待服务

任务简介

1.任务描述

完成对岸上观光导游接待服务的基础认知；模拟导游接待服务。

2. 任务要求

符合内河游船岸上观光导游接待服务要求与标准，完成导游接待服务。

3. 学习目标

（1）知识目标：会根据岸上观光的预订程序，为客人提供旅游观光产品。

（2）能力目标：能按照宾客岸上观光服务流程，为客人组织岸上观光活动；能处理岸上观光行程取消、变更或其他常见的问题。

（3）素养目标：有良好的表达能力、沟通能力与协调能力。培养学生强烈的爱国主义意识，使学生了解导游服务在现代化社会中的地位和作用，激发学生热爱祖国、热爱人民的民族精神。

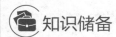 知识储备

1. 岸上观光的概念

岸上观光，也叫陆上观光，是游船停靠目的地码头后，宾客可以在限定的时间内参与岸上活动，参观游览当地最著名的旅游景点、地标性建筑、博物馆等，也可到购物场所购买当地特产，一饱眼福和口福的游览活动。当然，若宾客觉得劳顿，也可以待在游船上不下船。

通常，宾客通过游船公司选择岸上观光线路进行岸上观光。所有内河游船公司都会提前制订好几条岸上观光游览线路供宾客选择，宾客可在预订游船航线的同时选择岸上观光行程，也可登船后在前台咨询、预订岸上观光线路。

2. 岸上观光预订的步骤

（1）岸上观光行程宣讲

宾客登船后，游船运营方为了帮助宾客尽快地适应游船生活，一般会安排登船说明会，主要介绍游船概况和注意事项，之后导游工作人员介绍岸上观光行程，方便宾客了解并选择合适的岸上游项目。由于船票中包含有常规旅游线路，但仍有一些经典旅游线路不含在船票中，宾客若有意选择自费旅游线路，则需要另外预订并购买。

（2）接受宾客岸上观光预订

前台为宾客准备了岸上观光游览宣传册，并由专人为宾客解答岸上观光的相关问题。宾客可在前台索取预订单，填写好所选线路的名称、日期、人数等内容，并交由岸上观光工作人员办理预订。

（3）打印岸上观光游览票

一旦岸上观光线路预订成功，工作人员会为宾客打印岸上观光游览票，票据上有宾客选择的行程等信息。相应消费记入宾客的船上消费账户内，而非提前收取。

3. 岸上观光行程的组织

岸上观光行程的组织非常考验工作人员的服务水平，工作人员需要与游船登船部和餐饮部、岸上旅行社等多方面协调沟通，保证宾客岸上观光行程的顺利进行。

（1）《内河旅游船星级的划分与评定》要求的宾客岸上观光服务流程

① 按宾客人数准备好登船牌，通知 PA 在宾客离船出口通道铺好红地毯；

② 将分车、船情况公布在餐厅门口及各楼层、房间电视中；

③ 通知餐饮部员工提前 5 分钟做好下客指路的准备；

④ 与地接社导游沟通、交接、等候宾客到齐后敦促其引领宾客依次下船；

⑤ 在宾客下船时，分发登船牌，并祝客人游览愉快。

（2）宾客结束游览，回船服务流程

① 提前准备好香巾，并提醒餐厅工作人员准备好茶水。

② 与地接社导游保持联系，掌握宾客回船时间，提前 10 分钟通知客房部迎宾人员到位，并告知驾驶台做好开航准备。

③ 宾客回船时，回收登船牌，迅速统计好收回数量，防止遗漏宾客。确认所有上岸游览的宾客都已回船后方可通知驾驶台开航。

④ 将用过的香巾送交洗涤部，督促 PA 收拣红地毯。

4. 岸上观光行程的变更或取消

（1）变更或取消的原因

① 报名人数少于最低成团人数。

基于成本考虑，部分岸上旅游行程都有最低成团人数要求，游船运营方保留因成团人数不足而取消该团的权利，当报名人数少于最低成团人数，该行程将被取消。如某游轮公司规定，岸上游最低成团人数为 25 人，少于 25 人行程就会被取消。

② 出现不可抗力因素。

与陆地旅游不同，游船旅游更容易受到诸如天气、疫情、战争、罢工等不可抗力因素影响，根据海事规则等，船长有权做出靠港或不靠港的决定，由此造成岸上观光行程的取消，游船公司应当会同旅行社等有关单位做好后续处置工作。

③ 宾客自身原因变更或取消岸上观光行程。

④ 其他不可预料的情况。

（2）变更或取消的解决办法

① 若报名人数少于最低成团人数导致行程取消，游船公司和旅行社免责，宾客将被推荐至其他已成团岸上旅游行程，费用多退少补。

② 若因天气、疫情、战争、罢工等不可抗力导致岸上行程取消，游船公司和旅行社免责，岸上观光旅游费用如数退还给宾客。

③ 若宾客因为自身原因不能及时参加岸上观光行程，费用一般不退还。

5. 岸上观光服务中常见问题的处理

① 游船岸上观光行程有导游吗？

游船公司会安排丰富多彩的岸上观光游，为了帮助"水上酒店"更好地提供旅游咨询服务，专设一名双语导游，即可满足内外宾的导游服务需求。

② 岸上观光时间有多长？

岸上观光时间多为 4～9 小时，游船度假虽以游船为主体，岸上观光为辅助，但也提供多种形式岸上观光。

③ 岸上观光时错过游船怎么办？

游船起航不会等人，如果未及时赶回游船需要自行预订前往游船下一站码头的交通。

④ 如果码头不停靠，那么我预订的岸上观光可以退款吗？

如果宾客通过游船预订岸上观光行程，但游船取消停靠或者延迟到港，那么游

M3-8 内河
导游讲解

客将获得全额退款。

⑤ 腿脚不便、听力障碍或盲人可以参加岸上观光行程吗？

可以。游船公司专门为腿脚不便需要乘坐轮椅的宾客、有听力障碍的宾客或盲人设计岸上观光行程，并提供相关设施。

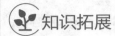 知识拓展

长江三峡内河游船的旅游线路安排

三峡游船的下水就是指顺水而行，上水就是指逆流而行。在中国人的眼里，下水意味着一帆风顺，很多人愿意选择下水，但是上水行程时间较长一些，更适合于观光，不至于匆忙游览。长江三峡游轮旅游主要的选择如下：

① 从重庆到宜昌（下水）4 天 3 晚旅游行程，游船上住 3 晚。

② 从宜昌到重庆（上水）5 天 4 晚旅游行程，游船上住 4 晚。

③ 从重庆到武汉（下水）或从武汉到重庆（上水）9 天 8 晚旅游行程，船上住 8 晚。

④ 从重庆到上海（下水）或从上海到重庆（上水）15 天 14 晚旅游行程，船上住 14 晚。

⑤ 长江探索号游轮新开设的航线：从重庆到九江或从九江到重庆 9 天 8 晚。

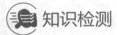 知识检测

1. 单项选择题

（1）社会主义道德建设要坚持（　　　）。

A. 以为人民服务为核心　　　　B. 以集体主义为核心

C. 以马克思主义为核心　　　　D. 以共产主义为核心

（2）提高全民族的思想道德素质和科学文化素质是社会主义精神文明建设的（　　　）。

A. 重点　　　　　　　　　　　B. 两个重要方面

C. 根本任务　　　　　　　　　D. 基本目标

（3）加强思想道德建设，发展教育科学文化是社会主义精神文明建设的（　　　）。

A. 根本任务　　B. 基本方针　　C. 基本目标　　D. 重点

（4）旅游职业道德中最重要最基本的规范，同时也是从事这个行业的人都应遵守的共同的基本的道德规范是（　　　）。

A. 热情友好、宾客至上

B. 清洁端庄、文明礼貌、耐心细致、优质服务

C. 一视同仁、不卑不亢、自尊自强

D. 爱国爱企、敬业爱岗、忠于职守

（5）中国的合格导游人员的首要条件是（　　　）。

A. 具有优秀的道德品质　　　　B. 热爱祖国、热爱社会主义

C. 热爱本职工作、尽职敬业　　D. 高尚的情操

2. 判断题

（1）诚实守信是导游人员的基本道德规范，是其在旅游界立足的根本。（　　　）

（2）优质服务的核心是以人为本、游客至上，为每一位旅游者提供热情周到的服务。（　　）

（3）导游人员的职业道德是道德在导游职业中的具体体现和补充，是导游人员在工作中必须遵循的道德原则和行为规范。（　　）

（4）导游人员要掌握独立执行国家政策的能力，向外宾宣传我国的法律法规和国情特点。（　　）

（5）工作时，导游人员要注意自己的言行，不妄加评论旅游者的行为，不与旅游团中的异性谈恋爱。（　　）

任务实施

1. 实训目标

掌握内河游船岸上观光导游接待服务要求与标准。

2. 实训内容

以小组为单位，模拟完成导游接待服务。

3. 实训资料

参考国家级职业教育专业教学资源库"国际邮轮乘务管理"子项目"内河游船运营与管理"。

4. 实训注意事项

旅游服务相关知识的运用、角色的分配、安全事项。

5. 实训步骤

（1）实训准备。按规定准备资料、分组，分配角色。

（2）分组讨论。根据安排内容进行小组讨论。

（3）总结记录。做好记录，并进行分析、总结。

（4）教师点评。对部分小组现场点评。

6. 实训评价

学生自评

序号	技能自评内容	评价标准	达标	未达标
1	准备工作	能够按照规定准备相关工具、分组、分配角色，有条不紊，安排有序		
2	实施工作	是否能够充分的讨论、对知识点掌握的熟练程度		
3	总结工作	得出结论是否条理清晰，表述准确，符合教学要求		
序号	素养自评内容	评价标准	达标	未达标
1	协作意识	团队分工明确，沟通顺畅，共同完成实训任务		
2	职业道德	能够严格遵守实训要求，按照场景要求分组；团体合作意识；采用适用的讨论方法		
3	工匠精神	操作严谨、规范，能对内容准确分析		
4	创作精神	提出具有可行性建议		

教师评价

序号	技能评价内容	评价标准	达标	未达标
1	准备工作	能够按照规定设计、分组、分配角色，有条不紊，安排有序		
2	实施工作	各小组学生是否按照要求进行讨论，实施过程是否规范		
3	总结工作	各小组结论是否符合要求，具有实际指导意义		
序号	素养评价内容	评价标准	达标	未达标
1	协作意识	团队分工明确，沟通顺畅，共同完成实训任务		
2	职业道德	能够严格遵守实训要求，全程参与实训		
3	工匠精神	操作严谨、规范，能对内容准确分析		
4	创作精神	提出具有可行性建议		

课后提升

案例：满足客人的需求

　　全陪小李陪同来自法国的旅游团乘坐长江豪华游船游览长江三峡自然风光，一路上相处十分愉快。游船上每餐的中国菜肴十分丰盛，且每道菜没有重复。但一日晚餐过后，一位法国游客对小李说："你们的中国菜很好吃，我每次都吃得很好，但是今天我很想念法餐，如果您吃了几天我们国家的食物，比如黄油和面包，是不是也想中国的大米饭？"旁边的游客都笑了起来，虽说是一句玩笑话，小李却深思了一个晚上。

　　思考题：如果你是小李，应该如何做？

项目四　内河游船船岸连接服务

　　港口是连接内河运输和内陆运输的枢纽，通过设置旅游线路、联结水路交通、开设旅游专线，为游客提供集散服务。运输服务多元化和品质化发展趋势对港口服务水平提出了更高的要求。提高港口服务能力是保障客运运输快速发展的重要举措，也将促进沿港区域经济发展，具有明显的经济效益和社会效益。港口服务主要通过门市、码头及岸上交通等项目实现。

任务1　认知内河游船门市服务

任务简介

　　1. 任务描述

　　完成对门市服务的基础认知；模拟门市接待服务。

　　2. 任务要求

　　符合内河游船门市接待服务要求与标准，完成门市接待任务。

　　3. 学习目标

　　（1）知识目标：能说明游船门市的作用和意义；会描述门市接待的工作要求；会运用门市接待服务的技巧。

　　（2）能力目标：能按照服务标准进行门市迎宾服务、咨询服务、产品推介服务、预订行程服务和售后服务。

　　（3）素养目标：有良好的表达能力、沟通能力与协调能力。通过融入中华传统美德、文化自信等内容，提升学生政治素养与文化素养。

知识储备

　　门市可谓是游船公司的"门脸"，是游船公司的形象代表，也是游船业务销售的重要渠道之一。优质的门市服务可促进游船产品的销售，为产品增值，还可提高游船公司的核心竞争力。

　　那么，门市接待具体有哪些工作要求和技巧呢？游船门市接待工作并不复杂，主要包括门市迎宾、咨询服务、产品推介、预订行程及售后服务等内容。

　　1. 门市迎宾

　　迎宾服务既是满足客人入店时迫切需求的首要阶段，又是形成客人对门市第一印象的关键，也是衡量游船门市整体服务水平高低的重要依据。所以，迎宾服务应

M4-1 内河游船门市服务

努力超越客人的期望，使客人产生意料之外的满意甚至愉悦。

作为一名专业迎宾服务人员，首先要做好形象准备：着淡妆，制服上岗，穿黑色皮鞋，佩戴头花和工牌，保持形象干净、素雅。

其次，选择迎宾位置：一般位于门市门口，并主动为客人打开大门，面露微笑，亲切招呼："您好，欢迎光临××游船门市"；如果是客人自己推门而入，也要迎面招呼，表示欢迎。注意表情管理，自然微笑，既不可急于推销，也不能过于冷落。

再次，要学会判别客人入店需求。并不是每个顾客都需要迎宾人员上前导购，迎宾人员可通过观察顾客的神情，来判断顾客的类型，然后有选择地进行引导或推介服务。一般来说，进店的顾客可以分为停留者、浏览者、比价者、咨询者、欲购者和已购者六种类型。前三种进店前无明确的购买动机，只需做好基本的迎宾礼仪，给客人宽松的驻足环境，观察客人的反应再做判断。第四种有购买意向，但没有明确购买类型，第五种进店之前就有明确的购买动机了，第六种则是已经产生购买行为的顾客，三者表现出的神情行为特征也不一样，这时候，就需要迎宾人员恰如其分地引导服务了。

2. 咨询服务

一名优秀的门市接待人员在上岗之前一定要做好知识和资料准备，知识准备包括了解旅游市场、消费者心理知识及旅游交通常识等；资料准备则包括游船产品的种类、价格，选择性旅游活动的内容及价格，游船设施的基本情况、主要娱乐场所和购物情况等内容。只有做好充足准备，才能在客人咨询时做到有的放矢。

面对客人，要热情周到、面带微笑，仔细倾听客人的提问，并作耐心解答，如果不能及时回答，需将客人的疑问和要求记录下来，告知回复的时间，给客人留下宾至如归的印象。

3. 产品推介

门市接待人员在介绍游船产品时，要把握好如下时机：当旅游者长期凝视某条宣传路线或图片时；或旅游者在资料架寻找时，或拿起某条路线的资料时。此时，门市接待人员可把握时机，适时推介游船产品，最好能引导客人前往洽谈区，等客人就座后，再作详细解答，也可借助图片、视频、网站资料等视觉手段增加直观效果。对旅游者关注的细节，如特色、亮点及注意事项尽可能比较详尽地介绍，从而建立信任关系。

在推介产品之前，可通过以下问题提前了解旅游者的需求：第一，游客之前去的旅游地和满意度，这个问题有助于了解顾客需求，介绍产品更精准，同时也可以避免产生被客人抵触的尴尬；第二，出行时间和周期，该问题涉及产品的价格，不同季节产品的报价不同；第三，出游结构，家庭游、亲友团或者团队游，该问题有利于帮助引导客人选择合适的产品；第四，出行的预算，这个问题反映出客人的消费心理，但不能过于唐突，问法需要一定的技巧。

4. 预订行程

一旦旅游者定下行程，门市工作人员就要帮客人预订行程。具体流程如下：使用身份证读卡器录入游客身份信息；规范签订旅游合同，注明行程包含及不含的内容，开好收款收据；按行程价格收取客人应收团款，现金点清，刷卡单收好，坚持团款一笔一清；及时上报计划，确定线路余位情况，查询计划是否正确、有无遗漏。另外，温馨提醒客人是否愿意购买意外保险。

5. 售后服务

门市售后服务一般通过电话或者面谈方式，了解客人对行程中各环节是否满意，要进行登记并及时反馈。如果有投诉情况发生，要安抚游客情绪，冷静分析客人产生投诉的原因。了解具体情况后，要做好详细的文案记录，并为游客寻找解决途径。门市投诉要限时处理，游客投诉，及时回复，对暂时不能回复的投诉也要明确给出解决的时限。

知识拓展

门市产品报价技巧

游船门市接待过程中，掌握一定的产品报价技巧是开展产品推介工作的必要准备。

① 报价时机。一般要把握"不问不报价"的原则，这是因为如果还没有来得及进行有效的产品介绍，客户还没产生强烈的购买欲望时，贸然报价，必然会因客户反感引发抵触心理。

② 爱护性报价。这是为了防止产品价格对客户心理产生强烈的冲击，报价时，可加上产品服务的附加值等内容来分散客户的注意力。

③ 缩小报价。将大的整体报价按照单位、时间分割，让价格显得相对额度小，客户容易接受。

④ 折扣或优惠报价。让折扣或优惠显出最大化，也是一种报价艺术。例如：1000元优惠100元明显比打九折效果好，给客户的心理感受不一样。

知识检测

单项选择题

（1）被称为内河游船公司门脸的是（　　）。

A. 趸船　　　　B. 游船外观　　　　C. 门市　　　　D. 客服

（2）游船门市服务的内容不包括（　　）。

A. 迎宾　　　　B. 产品推介　　　　C. 咨询　　　　D. 安检

（3）门市迎宾的主要服务内容是（　　）。

A. 咨询服务　　B. 指示和引导服务　　C. 售后服务　　D. 签约服务

（4）门市接待人员关注顾客，可采用的四步法是（　　）。

A. 望闻问切　　B. 望听问切　　　　C. 看观问析　　D. 观闻问切

（5）门市接待人员上岗之前要做好相应资料准备，下列选项中不包括（　　）。

A. 产品的种类及价格　　　　　　B. 游船设施的基本情况

C. 游船主要娱乐场所　　　　　　D. 旅游者消费情况

（6）门市接待人员行前通知服务内容中不包括（　　）。

A. 出发时间及集合地点 　　　　　　　B. 游船班次

C. 安全注意事项 　　　　　　　　　　D. 购物服务

（7）门市接待人员与游客签订的合同形式为（　　　）。

A. 口头形式　　　　B. 电子形式　　　　C. 书面形式　　　　D. 邮箱形式

（8）若有投诉情况发生，首先要（　　　）。

A. 了解具体情况　　B. 做好文案记录　　C. 安抚游客情绪　　D. 及时回复

（9）旅游者投诉的客观原因不包括（　　　）。

A. 服务人员不尊重客人 　　　　　　　B. 服务收费不合理

C. 设备损坏 　　　　　　　　　　　　D. 物品遗失

（10）门市迎宾人员要学会判别客人入店需求，下列选项中无明确购买意向的游客类型是（　　　）。

A. 已购者　　　　B. 咨询者　　　　C. 欲购者　　　　D. 比价者

任务实施

1. 实训目标

根据对内河游船门市服务的基础认知，模拟门市接待服务。

2. 实训内容

分组完成门市迎宾、门市咨询、产品推介、预订行程、售后服务等接待服务。

3. 实训步骤

（1）实训准备：按规定着装、分组，分配角色；

（2）招呼问候顾客；

（3）判别入店需求；

（4）指示引领服务；

（5）咨询服务；

（6）产品介绍；

（7）预订行程；

（8）送客人离店。

内河游船门市服务填写表

实训步骤	内容
准备工作	是否统一实训服○是　○否　分组：○完成　○未完成 角色分配　脚本：顾客：迎宾：咨询：
门市迎宾	
门市咨询	
产品推介	
预订行程	
送客离店	

4. 实训评价

学生自评——服务流程

序号	技能自评内容	评价标准	达标	未达标
1	准备工作	规定着装，分配角色，有条不紊，安排有序		
2	门市迎宾	形象干净素雅，主动迎客，面露微笑，亲切招呼		
3	门市咨询	准备充分，资料充足，热情周到，耐心解答		
4	产品介绍	把握时机，了解需求，关注细节，仔细周到		
5	预订行程	信息正确无误，操作娴熟，细心周到		
6	送客离店	礼貌送客，主动开门，微笑道别		

学生自评——职业素养

序号	素养自评内容	评价标准	达标	未达标
1	协作意识	团队分工明确，沟通顺畅，共同完成实训任务		
2	职业道德	能够严格遵守实训要求，着装干净、整洁；勤洗手；保持台面干净，实训环境无污迹		
3	工匠精神	操作严谨、规范，能准确分析顾客需求		
4	创新精神	思路开阔，提出具有可行性建议		

教师评价——服务流程

序号	技能评价内容	评价标准	达标	未达标
1	准备工作	规定着装，分配角色，有条不紊，安排有序		
2	门市迎宾	形象干净素雅，主动迎客，面露微笑，亲切招呼		
3	门市咨询	准备充分，资料充足，热情周到，耐心解答		
4	产品介绍	把握时机，了解需求，关注细节，仔细周到		
5	预订行程	信息正确无误，操作娴熟，细心周到		
6	送客离店	礼貌送客，主动开门，微笑道别		

教师评价——职业素养

序号	素养评价内容	评价标准	达标	未达标
1	协作意识	团队分工明确，沟通顺畅，共同完成实训任务		
2	职业道德	能够严格遵守实训要求，着装干净、整洁；勤洗手；保持台面干净，实训环境无污迹		
3	工匠精神	操作严谨、规范，能准确分析顾客需求		
4	创新精神	思路开阔，提出具有可行性建议		

 课后提升

案例：创可贴带来的收获

刘先生来三峡出差，晚餐后和同事一起在滨江公园散步。走到半路上，刘先生脚后跟被磨破了皮，刚好这附近有一家游船门市，于是两人走进去。

"您好，欢迎光临！"店长迎面而来，笑语盈盈。

"请问您这里有创可贴吗？"刘先生不禁脱口而出。

"先生您受伤了吗？"店长关切地问道。

刘先生说明缘由后，店长歉疚地表示没有，请刘先生先休息一下。坐了一会儿，刘先生起身正准备和同事离开时，看到店长气喘吁吁地拿着几张创可贴从门口跑进来，原来她去药店帮忙购买去了……包扎完毕，刘先生浏览了产品手册，购买了次日本地夜游的船票，并在船上享受了豪华晚餐。

思考题：店长是如何将刘先生这位进店的客人从停留者成功地转化为购买者的？

任务2　分析内河游船码头设计

任务简介

1.任务描述

认知游船码头功能与结构形式；认知游船码头设计。

2.任务要求

根据内河游船码头设计要求与标准，选择国内一处游船码头，分析其设计特色。

3.学习目标

（1）知识目标：会说明游船码头的含义和用途；会描述游船码头的结构形式；会运用游船码头的设计原则和依据。

（2）能力目标：能按照设计原则与依据分析游船码头设计特色。

（3）素养目标：有良好的表达能力、沟通能力与协调能力。通过调研游船码头活动，提升学生严谨认真、精益求精的职业素养。

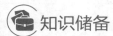 知识储备

游船码头是位于河、湖或水库沿岸，供船舶安全进出和停靠，用于上下游客的场所，常见于水陆交通较为发达的城镇。游船码头作为旅游布局中的功能性设施，是打造区域旅游品牌、带动周边旅游发展的重要支撑。游船码头市场潜力巨大，如何做好码头结构选型而又兼顾适用、经济、美观等需求成为游船码头设计工作的核心内容。

内河游船码头一般由轮渡、堤岸、固定斜坡、活动梯、通道浮码头、定位桩、供水供电系统、上下水斜道、吊升装置等设施或构筑物组成。码头的基础建筑材料常有钢材、混凝土和铝合金等。

1.游船码头的功能与作用

作为水面与陆地之间的桥梁，游船码头在城市交通网络中扮演着重要角色。它既承担滨水公共休憩空间的功能，又肩负候船功能；既负责组织水上交通、游览，还供游客休息，提供水上活动。此外，游船码头还负责延伸面江的景观视线，为游客营造良好的亲水氛围，实现陆地与水面的转换。

因此，内河游船码头一般会选择在交通便利、河岸稳定、水流平顺、水深适当且具备游船安全营运条件的水域，尽可能处在背风位置，以减少风浪颠簸，延长游船寿命，同时也方便游客上下。

2. 游船码头的结构形式

我国内河岸资源丰富，自古以来就有简易竹筏靠泊的渡埠设施。随着内河旅游业的快速发展，选择和确定经济合理的码头形式至关重要。具体来说，内河游船码头常见的结构形式主要有以下四种：

浮式码头：浮式码头一般适用于水位变幅较大的中小型客运码头，浮式码头又可分为趸船式和浮栈桥式。浮式码头可由浮式箱体、系留设施、活动钢引桥、固定引桥和作业平台等组成。浮式结构随水位垂直升降，使得浮式结构踩踏面与水面的高差基本不变。浮式码头的优点在于受到水位的影响较小，适应水位变化能力强，必要时便于搬迁移位，且应用广泛，技术较为成熟；但受风浪影响时浮式结构容易上下摆动，浮式箱体结构容易被腐蚀或损坏，后期维护成本相对较高。图4-1为浮式码头。

M4-2 内河游船码头设计

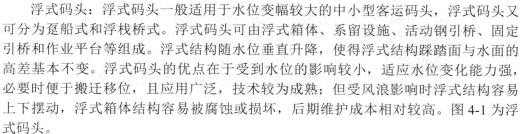

图4-1　浮式码头

直立式码头：又称混凝土挡墙式码头，是我国应用较为广泛的一种码头结构形式，其特点是依靠自身重量、地基强度维持其整体稳定性。直立式码头的优点在于坚固耐用，易于修复；不足在于对地基承载力的要求较高，工期相对较长。图4-2为直立式码头。

图4-2　直立式码头

斜坡式码头：这是最古老和最简易的码头形式之一。它结构简单，造价低廉，一般适用于水位变幅较大的河港或水库港。优点在于稳定性好，造价低，适应水位

变化能力强，但需要岸线具备天然条件，人工开凿斜坡成本较高。图4-3 为斜坡式码头。

图4-3　斜坡式码头

高桩梁板式码头：它是我国港口建设应用较早且最广泛的码头结构形式。优点在于：透空式结构阻水面积较小、整体稳定性好，施工技术较为成熟。缺点在于：由于上部结构底面轮廓复杂，不利于水汽排除，码头构建钢筋容易腐蚀。图 4-4 为高桩梁板式码头。

图4-4　高桩梁板式码头

M4-3 内河游船码头设计原则和依据

3. 游船码头设计的依据和原则

目前，游船码头在设计时参照的依据为：

① 比邻城市中心区布局，利用城市资源为游船码头的开发设计提供支持；

② 采用集合金融业、商业、餐饮业、娱乐业和酒店业等五种功能混合开发的设计模式；

③ 修建标志性的建筑物以提升区域品牌；

④ 挖掘本地具有特色的历史、文化资源开发旅游市场或是为修建主题娱乐场所制造亮点；

⑤ 利用金融、地产、科技等高端产业提升区域档次。

基于功能和安全考虑，游船码头具体设计时应遵循如下原则：

① 游船码头平面布置应符合国家环保、节能、安全、卫生等有关规定，根据客

运量、自然条件、远近结合和分区等因素合理布局，各类码头布置既要避免相互干扰，也要相对集中，以利于港口设施的综合利用。同时也应考虑风向和水流流向的影响，尽量避免风口位置，以免船只停靠不便。

②游船码头设计应在总体旅游规划的基础上，根据码头规模，结合当地的自然环境和岸线资源，合理布置码头前的停泊水域、锚地及回旋水域。码头陆域设施是码头水域的延伸和拓展，码头的辅助配套设施均放在陆域部分，陆域建筑的配置要和码头的规模和定位相适应，并要和周围景观相协调。

③游船码头泊位长度、水深、航道水深以及周围通航条件必须满足停靠游船的总长、总宽、满载吃水深度要求以及船舶靠离码头、回转等操作的需要，码头泊位的具体参数可根据客船吞吐量、航线数、船型及发船密度等因素合理设定。

④游船码头结构宜采用斜坡式码头或者浮式码头，受条件限制的可采用直立式码头。直立式码头的竖向临水面应为平面，不应有倒坎。码头形式要结合水位情况及具体使用需求进行选择。

⑤游船码头必须设置安全标志。码头入口处必须设置游客上下码头安全须知标识，游船码头必须设置供游客上下船舶的防滑、防冻、消防等防护安全设施，并根据码头规模配备适量救生衣、救生圈、急救药箱、工具箱等救生设备，其中，儿童救生衣的数量不得低于总配备的10%。

 知识拓展

码头及其种类

码头是供船舶停靠、装卸货物和上下游客的水工建筑物，是港口的主要组成部分。

码头的类别按平面布置可分为顺岸式、突堤式、墩式等。墩式码头又分为与岸用引桥连系的孤立墩或用联桥连系的连续墩；突堤式码头（是一个整体结构，两侧为码头结构，当中用填土构成码头地面）又分窄突堤和宽突堤。按断面形式可分为直立式、斜坡式、半直立式和半斜坡式。按结构形式分，有重力式、板桩式、高桩式、斜坡式、墩柱式和浮码头式等。按用途分，有一般件杂货码头、专用码头（渔码头、油码头、煤码头、矿石码头、集装箱码头等）、客运码头、供港内工作船使用的工作船码头以及为修船和造船工作而专设的修船码头和舾装码头。

知识检测

单项选择题

（1）内河游船码头的作用主要表现为（　　）。

A. 公共休息　　　　B. 上下游客　　C. 观赏景物　　D. 水上活动

（2）下列选项中，不属于内河水域渡运方式的是（　　）。

A. 轮渡　　　　　　B. 浮码头　　　C. 活动梯　　　D. 斜道

（3）不适用顺岸式码头的条件是（　　）。

A. 岸线缺乏　　　　　　　　　B. 水域狭窄

C. 停靠船舶数量少　　　　　　　　D. 岸线充足

（4）下列选项中，不符合内河游船码头选址条件的是（　　　）。

A. 交通便利　　　　B. 风口位置　　　C. 河岸稳定　　　D. 水流平顺

（5）下列选项中，不属于我国内河游船码头结构形式的是（　　　）。

A. 直立式码头　　　　　　　　　　B. 斜坡式码头

C. 固定式码头　　　　　　　　　　D. 高桩梁板式码头

（6）浮栈桥一般适用于（　　　）。

A. 吃水浅的港口　　　　　　　　　B. 吃水深的港口

C. 岸线长的港口　　　　　　　　　D. 突堤式码头

（7）近岸式码头与岸壁相连的媒介为（　　　）。

A. 引桥　　　　　B. 固定引桥　　　C. 活引桥　　　D. 浮栈桥

（8）游船码头设计时应考虑的自然影响要素有（　　　）。

A. 客运量　　　　B. 安全　　　　C. 周围环境　　　D. 风向和水流

（9）游船码头必须设置（　　　）。

A. 消防标志　　　B. 安全标志　　　C. 救生标志　　　D. 防滑标志

（10）我国港口建设应用较早且最广泛的码头结构形式是（　　　）。

A. 浮式码头　　　B. 直立式码头　　C. 斜坡式码头　D. 高桩梁板式码头

任务实施

1. 实训目标

通过调研国内游船码头，分析码头设计特色，掌握游船码头的结构形式、设计原则与依据。

2. 实训内容

以小组为单位，选择本地一处内河游船码头进行调研，分析其设计特点。

3. 实训步骤

（1）自由组建调研小组，选定调研对象；

（2）设计调研问卷；

（3）实地调研，完成实训任务；

（4）将调研成果整理到相关表格。

4. 游船码头调研表格

调研问卷填写表

问卷结构	内容
标题	
问卷说明	
正文	
结尾	

5.实训评价

学生自评——职业素养

序号	素养自评内容	评价标准	达标	未达标
1	协作意识	团队分工明确，沟通顺畅，共同完成实训任务		
2	自学能力	能够借助网络资源自主学习，确定调研对象，完成问卷设计		
3	创新精神	思路开阔，提出具有可行性建议		

教师评价——职业素养

序号	素养评价内容	评价标准	达标	未达标
1	协作意识	团队分工明确，沟通顺畅，共同完成实训任务		
2	自学能力	能够借助网络资源自主学习，确定调研对象，完成问卷设计		
3	创新精神	思路开阔，提出具有可行性建议		

🞴 课后提升

案例：宜昌港九码头文化墙设计

宜昌港九码头文化墙，以浮雕设计为主，再现了历史悠久的峡江文化、码头文化和纤夫文化，是宜昌本土文化的典范，如图4-5所示。

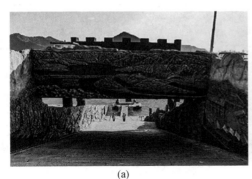
(a)

(b)

图4-5 宜昌港九码头

游客通过安检后，走向九码头通道，映入眼帘的就是青石台阶上的两尊铜人：一尊为记账、发签的账房先生，另一尊为奋力扛包的挑夫力工，重现了旧时码头工人的劳作情景，如图4-6所示。昔日的劳苦生活已不再，但码头工人勤勤恳恳的生活状态依旧激励我们。

通道的正前方即为三峡大坝全景浮雕。巍巍大坝，滔滔江水尽收眼底，坛子岭、升船机、五级船闸纤毫毕现，充分展示了宜昌以峡江、大坝为依托的水电文化。

临江面依托原有青石栏杆设计成旧时宜昌古城墙，城墙中央雕刻"九码头"三个字。这里是宜昌的门户，它历经水路航运发达的繁华年代，见证了宜昌码头文化的发展演变。

思考题：宜昌港九码头遵循了哪些设计原则？

(a) 账房先生铜像　　　　　　　　　　(b) 挑夫力工铜像

图4-6　宜昌港九码头铜人

任务3　认知内河游船码头管理

任务简介

1. 任务描述

认知游船码头管理的工作范围；认知码头管理的工作内容。

2. 任务要求

根据内河游船码头管理要求，调研国内游船码头管理层，选择其中一个工作岗位，分析其岗位职责。

3. 学习目标

（1）知识目标：会说明游船码头功能分区；会描述客流路线组织；会运用游船码头管理的工作内容。

（2）能力目标：能按照游船码头管理要求分析管理层岗位职责。

（3）素养目标：有良好的表达能力、沟通能力与协调能力。通过调研游船码头，提升学生严谨认真、精益求精的职业素养。

知识储备

我国内河沿线城市充分利用岸线资源规划建设的游船码头，是吸引国内外游客观光休闲旅游的优势和特色。因此，对游船码头的建设、运营管理和安全管理进行规范，厘清管理职责和分工，明确运营要求，有利于改善通航环境，保障通航安全，提升游客休闲娱乐体验，推动内河游船业良性发展。

1. 游船码头分区

游船码头若按平面功能进行分区，可分为管理区、游客活动区和码头区。细分如下：管理区包括售票和检票室、办公室、休息室、维修储藏室；游客活动区包含候船室、茶室、候船平台；码头区则包括等候露台等。根据码头实际情况可适当增减部分功能。

游船码头应视为一个建筑整体，布局合理，管理用房联系紧密，办公管理区域和游客联系方便，管理区尽可能集中，避免工作人员的交通路线和游客活动路线的交叉。

2. 客流路线组织

码头管理中，客流路线的组织是其中重要环节，游客上下船的路线组织形式有：第一种，游客凭票上下船，上、下船游客不进行分流，这是一种开放型的管理方法，可节省管理成本，但因上、下船不分流，管理相对混乱，如果发生突发事件，难以紧急应对；第二种，上下船游客分开，另设检票处，增加管理人员，客流路线管理秩序较好。

候船平台上客流也应保持畅通，避免拥挤，因此应将出、入游客分开，以利于紧急疏散。

3. 码头管理区及游客活动区的管理要求

（1）售票和检票管理

游船码头售票和检票室，一般采用大高窗，应注意朝向，避免西向，如果朝西最好前设置遮阴篷，售票、检票室应和办公室联系紧密；售票岗应提供旅游票务咨询、旅游售票、补退票服务，可通过语音、视频或其他方式及时播报票务信息、检票时间、班航次调整、线路变更及游客安全须知等旅游信息，按照港站分类和服务设施情况，可提供全国联网售票、网上预订等服务；检票岗在人流较多时维持公共秩序极有必要。

（2）码头办公室

办公室是游船码头管理部分的主要房间，位置多选择在和其他各处有便捷联系的地方，室内空间应宽敞，通风采光应较好，并应设有接待办公用的家具，如沙发、办公桌椅等。

（3）候船管理

候船室是游客上船前的主要活动区域，位于码头前沿地面层，应具有良好的景观朝向，并能满足候船、排队等使用要求；候船室入口处应设置检查岗位，排除安全隐患，引导游客进入候船大厅；候船室应提供游客休息、车船候乘提醒以及常见晕车、晕船、跌打损伤等一般性安全救助服务，可提供健康饮水、旅游视频及时政要闻播放等服务，配置有母婴室、无障碍休息室及医务室的，要提供相应服务以满足使用需要。

候船平台，供游船停泊上下游客所用，应有足够的面积。根据停船大小而定，一般高出常水位 30～50 厘米，并且紧贴水面，有亲水感，同时，也要注意候船区域的临水性，儿童使用的机会较多，存在安全隐患，应同步设置告示栏、栏杆、护

M4-4 内河游船码头管理

栏等安全宣传保护设施；要考虑候船平台适宜的朝向和遮阴措施，平台的长度不小于两条船的宽度（4米左右）；留出上下人流和工作人员的活动空间，一般进深2～3米。

4.码头安全管理

（1）设施设备配备要求

① 登船梯、人行浮桥等登船设备应设置安全护栏，临水侧的安全护栏应保持连续、完整。

② 应合理设置到港和出港旅客通道，采取设置行走路线指示标识或物理隔离等措施；旅客通道出口处应有工作人员负责引导旅客出港，防止无关人员进入管理区。

③ 应设置视频监控系统和视频监控室，监控范围应覆盖管理区、游客活动区、码头区及主要通道出入口。

④ 应配备通信设备，建立与游船、海事、交通、消防、医疗等部门的通信联络渠道，并能保持通信畅通。

⑤ 保安执勤人员、现场巡视人员及码头管理人员应配备无线对讲机。

⑥ 码头管理区、游客活动区、码头区和主要通道出入口应设置公共广播系统，并配备照明设施和消防设施设备，配置标准见《水运视频监控系统建设技术规范》（JTS/T 160—2021）、《建筑设计防火规范（2018年版）》（GB 50016—2014）等相关标准要求。

（2）安全检查要求

① 游船码头应对出、入港口的旅客、行李、物品进行安全检查，不允许携带可能危及生命、财产的危险物品登船；

② 安全检查分为设备检查、手工检查等方式，应制定安全检查设备操作规范，若设备无法识别，可采用手工检查，应要求旅客自行开包、开箱接受检查，若发现有禁止、限制携带的危险物品时，则应立即报告当地公安机关，并做好书面记录、存档；

③ 安全检查人员应具备识别常见危险物品的知识和能力。

（3）突发事件处理

游船码头若发生突发事故，应有游客疏散应急预案：须成立应急工作小组，增加紧急照明设施，稳定游客情绪，必要时启动广播进行疏散；同时，做好受伤游客的医护处理工作，安排、提供车辆便于受伤游客紧急救护使用；安排工作人员站在各个疏散口，做好游客现场退票处理；保安人员加强对现场秩序的维持，防止拥挤、踩踏及恶意破坏等事件的发生，保证游客安全，保证出口畅通，引导游客及时离开。

（4）游客投诉处理

对于游客投诉，游船码头应强化旅游服务管控，建立完善的投诉处理制度，设立专门的投诉处理机构、配备投诉受理人员，并在旅游客运港站（码头）网站、宣传资料、客运站房、交通工具等醒目位置公开投诉电话；接到游客投诉应及时、妥善处理投诉，并在接到投诉之日起7个工作日内反馈游客投诉的基本事实和处理意见；建立完整的投诉档案，包括投诉处理记录、投诉反馈及分析报告，并保持一年以上备查期。

知识拓展

亲水平台，码头景观的延伸

码头观景台作为一种亲水的公共空间，不仅可以吸引人流，满足人们休闲娱乐的需求，同时能够激发滨水空间的活力。

2022 年 5 月 1 日起，浙江省《城市河道景观设计标准》（以下简称《标准》）正式施行，以"亲水设施"指标为例，《标准》对亲水平台、亲水台阶、游船码头等方面进行明确规定，要求对常水位变幅小于 0.5m 的城市河段，应设置亲水平台；与人体接触的亲水设施应设置在流速缓、深度浅和水质好的河段，并应设置安全防护设施和警示标志。

此外，《标准》对绿带、景观小品及配套设施设计都进行了详细规定。

如对于水生植物的配置，《标准》要求应注重色彩搭配，着重考虑春季萌发时叶色的变化以及叶色和花色的组合。

对于河道座椅，《标准》要求每100m 陆地面积上座椅的数量不得少于20 位，方便游人使用。

《标准》的出台，深化了河湖岸线空间开放共享，真正为市民提供了更多休憩娱乐的滨水场所。

知识检测

单项选择题

（1）等候露台属于游船（　　　）。

A. 码头区　　　　　B. 管理区　　　　C. 游客活动区　D. 休闲区

（2）游船码头售票和检票室应注意朝向，尽量避免（　　　）。

A. 东向　　　　　　B. 南向　　　　　C. 西向　　　　　D. 北向

（3）候船平台一般高出常水位（　　　）。

A.5 ～ 15cm　　　B.15 ～ 25cm　　C.20 ～ 30cm　D.30 ～ 50cm

（4）游船码头处理游客投诉时反馈时效为（　　　）。

A.5 个工作日内　　　　　　　　B.7 个工作日内

C.10 个工作日内　　　　　　　 D.12 个工作日内

（5）下列选项中不属于码头管理区的是（　　　）。

A. 检票室　　　　　B. 办公室　　　C. 候船室　　　　D. 维修储藏室

（6）下列选项中超出售票岗服务范围的是（　　　）。

A. 票务咨询　　　　B. 票务信息　　C. 补退票　　　　D. 候乘提醒

（7）游船码头发生突发事件时，不在应急处理范围的是（　　　）。

A. 安抚游客情绪　　　　　　　B. 做好受伤游客的救护处理

C. 做好现场检、退票　　　　　D. 维持现场秩序

（8）候船室是游客上船前主要活动区域，不属于候船室常规服务的项目是（　　　）。

A. 紧急救护服务　　　　　　　B. 饮水服务

C. 候乘提醒服务　　　　　　　D. 安全救助服务

（9）检票岗在客流较多时可用于（ ）。

A. 票务咨询 B. 维持秩序 C. 补退票服务 D. 播报票务信息

（10）下列选项中属于码头安全检查岗位职责的是（ ）。

A. 指挥安全运行 B. 组织生产经营

C. 掌握游船航行动态 D. 检查游客箱包

任务实施

1. 实训目标

通过调研国内游船码头管理层，分析其岗位职责，掌握游船码头管理的工作内容。

2. 实训内容

以小组为单位，选择本地内河游船码头具有典型代表的一个管理岗进行调研，分析其岗位职责。

3. 实训步骤

（1）自由组建调研小组，选定调研对象；

（2）设计调研问卷；

（3）实地调研，完成实训任务；

（4）将调研成果整理到相关表格。

4. 游船码头调研表格

调研问卷填写表

问卷结构	内容
标题	
问卷说明	
正文	
结尾	

5. 实训评价

学生自评——职业素养

序号	素养自评内容	评价标准	达标	未达标
1	协作意识	团队分工明确，沟通顺畅，共同完成实训任务		
2	自学能力	能够借助网络资源自主学习，确定调研对象，完成问卷设计		
3	创新精神	思路开阔，提出具有可行性建议		

教师评价——职业素养

序号	素养评价内容	评价标准	达标	未达标
1	协作意识	团队分工明确，沟通顺畅，共同完成实训任务		
2	自学能力	能够借助网络资源自主学习，确定调研对象，完成问卷设计		
3	创新精神	思路开阔，提出具有可行性建议		

课后提升

    案例：睁眼看世界——上海秦皇岛路游船码头"初心启航"展示厅

    从杨树浦路转进秦皇岛路32号，秦皇岛路游船码头临江而立，如图4-7所示。1919年到1920年间，"睁眼看世界"成为觉醒了的中国知识分子的共识，包括周恩来、邓小平、聂荣臻等在内的650余名学生从黄浦码头登船出发，远渡重洋赴法国追求新知。

    秦皇岛路游船码头岸线长约300米，这里是游览上海黄浦江重要的水上门户，是按照"世界会客厅"要求开发建设的集浦江游览和滨江游览为一体的水岸联动综合体。

    秦皇岛路游船码头候船大厅内，有一个"初心启航"展示厅，通过图像、展板、声音、实物和互动体验区，展现了百年前革命先辈留法勤工俭学的历史场景。

    游船码头年接待游客约100万人次，每个从码头登船的游人路过这个展厅时，都仿佛踏着赴法勤工俭学学生走过的路再次出发，相隔百年的时空在这一瞬间重合。

    思考题：上海秦皇岛路游船码头如何利用岸线资源形成地域特色？

(a)

(b)

(c)

图4-7 上海秦皇岛路游船码头

任务4 分析内河游船岸上交通设计

任务简介

1.任务描述

认知游船岸上交通方式及影响范围；认知游船岸上交通设置原则。

2. 任务要求

符合游船岸上交通设计要求与标准，调研国内一家游船公司，分析其岸上交通主要方式。

3. 学习目标

（1）知识目标：能说明游船岸上交通主要集散工具；会描述岸上交通影响范围；会运用游船岸上交通设计原则。

（2）能力目标：能分析游船岸上交通主要方式及设计原则。

（3）素养目标：有良好的表达能力、沟通能力与协调能力。通过调研游船岸上交通，提升学生严谨认真、精益求精的职业素养。

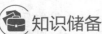

M4-5 内河游船岸上交通方式与设置原则

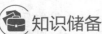 知识储备

港口不仅是水陆交通运输的衔接点，也是内河航运与本港客运的中转枢纽，港口客运在功能上实现了游客的中转和集散。在现代港口建设中，港口客运往往还包括了休闲、商业、景观等与城市交通相衔接的多重功能。因此，基于城市关联性的考虑，兼顾到满足生态、环保、节能和可持续发展的要求，必须妥善设计港口岸上交通布局。

1. 游船港口岸上交通方式

根据游船港口周边的空间尺度，游船港口周边区域可分为陆域和水域范围，岸上交通则属于陆域范围。有研究表明，游客岸上旅游花费时间一般为 3 ～ 5 小时，交通集散时间则应在 2 小时以内。岸上交通主要集散工具为地铁、接驳巴士、小汽车等，考虑到游客离开游船上岸的交通便捷性及活动舒适性，以及行李搬运、下船、交通接驳、道路停留等需要一定时长，将距离游船港口大概 6.6 ～ 10 千米的范围作为岸上交通主要影响区。

安全、便捷和舒适的交通网络是提升游船港口辐射城市腹地的必要条件。由于抵达游船港口的游客客源地不同，有来自远途城市、近途城市和本地城市的。远途城市的游客一般通过区域性的综合交通枢纽（如机场、高铁、长途汽车等）到达城市，参与周边观光及消费活动后再到港口乘坐游船，并可能过夜；近途城市的游客一般通过城际铁路或小汽车到达目的地城市后再登船，也存在市内餐饮、购物、娱乐、住宿等消费需求；本地城市游客，包括来自城市各地区散客、团客或办公人员，主要通过小汽车、出租车等个体交通或公交、地铁等公共交通直达港口登船。

因此，游船港口应尽可能提供区域性枢纽交通、个体交通、公共交通等多样化的交通衔接方式，以适应不同来源游客的需求。以宜昌港水陆客运港区为例，该港口依托"车船港站社"一体化经营的资源和管理优势，借助高铁、公路及航空等区域性枢纽交通工具，构建了覆盖宜昌周边、辐射"一江两山"（长江三峡、神农架、武当山）的旅游交通服务体系，并用与轨道交通衔接的公交线路将客流引向滨江区域，又将周围景区成功串联，从而形成滨江公交、出租车、自行车、水岸步道相融合的岸上接驳转运交通网络。

2. 游船港口岸上交通设置原则

游船港口是不同性质客流转换集散的重要场所，也是城市实现水陆联运一体化的关键。丰富多元和独特的岸上各类服务设施是游船港口吸引游客和运营成功的重要因素之一，多样化和差异化的服务供给也能满足众多群体的不同需求。

游船港口岸上交通设置的总体原则是尽可能减少交叉干扰，优化客流线路，力求明确清晰、便捷合理。客运站内部人员流动复杂，各个流线之间不可避免地产生交叉和干扰，在设计上，要将流线间的相互影响降到最低，采取措施缩短游客前往目的地的距离，应满足以下条件：第一，功能分区明确具体，重视以游客为本的人性化设计，功能布局上优先考虑方便游客，保障游客安全；第二，重视换乘工具的设计，换乘功能决定着城市交通运行效率的高低，设计中应充分考虑换乘的综合性和多样性，功能布局时要考虑到游客的行为特点，按最佳流线设计游客的行走路线，还需考虑各条行动路线间适当的联系，允许游客及时纠错，提高空间容错率。

具体而言，岸上交通设置要遵循以下原则：

① 宽敞性和舒适性。结合游客需求和港口功能的内在联系，确定交通流线和空间分布，例如：一层换乘大厅要宽敞，二层换乘大厅东西通道要顺畅，自助银行、小件寄存处、售票厅、办卡处等业务服务点要设置在游客行进的流线途中，自动扶梯和敞开式楼梯可并列组织，但不能占据换乘大厅主要通道而影响交通；携带行李的游船游客在游船停靠期间对岸上交通工具座椅的舒适度、车内空间的宽敞度、车后备厢的空间及空调的配备等要素均有相应的要求，岸上交通应根据游客需求做相应调整，以此提高游客的体验感和幸福度。

② 便捷性和多元化。游船港口周边交通组织要有总体规划，要与城市交通网络、对外交通枢纽等协同衔接，通过设置地下层、下沉广场、地下通道、架空层、高架桥等方式保证进出站的连续性和便捷性，并使交通流线间的干扰减少，提供多元的交通旅游环境，提升游客满意度。

③ 差异性和人性化。由于岸上活动时间有限，岸上交通供给要有差异性，以满足游客安全和经济需求为出发点，同时，要关注游客的健康和环境诉求，为游客出行提供多样化的交通服务，体现当地特色和提升岸上服务设施的消费竞争力；此外，要考虑到老年游客和学龄儿童的需求，岸上交通可适度增加医疗卫生设施和应急疏散通道。

④ 高效性和可达性。城市区域与内部交通的接驳应以公共交通为主，兼顾个体交通。游船港口与其他对外交通方式的关系应为：社会车、出租车、专线巴士的停车场与码头出入口紧密连接；城市轨道、常规公交布置在港口外围；环形环保观光车穿梭于港口周边；自行车停车场可以和服务设施或绿道结合，步行换车的距离尽量不要超过 260 米。

 **知识拓展**

江河水陆联运

随着内河运输网络逐渐通畅，江河水陆联运逐渐成为发展趋势。

所谓江河水陆联运，即是铁路各站、公路运输和内河各港（不包括管道运输）之间，使用一份运输票据（即水陆联运接驳专线的票证），即可联合办理旅客运输。

江河水陆联运通常有四种方式：水路到铁路的联运；由水路经铁路到水路的联

运；由铁路到水路的联运，港口为中转港和到达港，简称铁－水联运；由铁路经水路到铁路的联运，港口为中转港，简称铁－水－铁联运。

 知识检测

单项选择题

（1）内河游船岸上交通属于（　　　）。

A. 水域范围　　　B. 陆域范围　　　C. 水陆之间范围　　　D. 码头活动

（2）游船岸上公共交通最大影响距离为（　　　）。

A.1.2～2.5千米　　　　　　　　　B.2.6～3.1千米

C.3.2～6.5千米　　　　　　　　　D.6.6～10千米

（3）当下旅游者的游览方式主要倾向于（　　　）。

A. 观光旅游　　　B. 商务旅游　　　C. 养生旅游　　　D. 休闲度假旅游

（4）游船游客若携带行李，对交通工具的选择一般倾向于（　　　）。

A. 宽敞性和舒适性　　　　　　　　B. 宽敞性和便捷性

C. 舒适性和便捷性　　　　　　　　D. 舒适性和人性化

（5）游船港口对外交通布置为：专线巴士需紧密衔接（　　　）。

A. 码头出口　　　B. 码头入口　　　C. 码头出入口　　　D. 码头区

（6）游船港口对外交通布置为：步行换车的距离尽量不超过（　　　）。

A.140米　　　B.200米　　　C.260米　　　D.320米

（7）游船港口交通模式中，若处于城市边缘区，宜采用（　　　）。

A. 城市交通融合模式　　　　　　　B. 综合枢纽支撑模式

C. 新区打造结合模式　　　　　　　D. 综合交通支撑模式

（8）中途停靠的游客离港交通方式一般主要为（　　　）。

A. 租车或大巴集散　　　　　　　　B. 城际铁路

C. 公共交通　　　　　　　　　　　D. 私家车

（9）游船港口采用小汽车交通工具的优势在于：便于前往（　　　）。

A. 城市中心　　　B. 酒店　　　C. 商务区　　　D. 机场或旅游区

（10）公共安全管理工作的核心是（　　　）。

A. 行业主管部门　　　B. 地方政府　　　C. 交通部门　　　D. 安全部门

任务实施

1. 实训目标

通过调研国内游船公司，分析其岸上交通方式，掌握游船岸上交通设计原则与依据。

2. 实训内容

以小组为单位，选择本地一处内河游船码头进行调研，分析其设计特点。

3. 实训步骤

（1）自由组建调研小组，选定调研对象；

（2）设计调研问卷；

（3）实地调研，完成实训任务；

（4）将调研成果整理到相关表格。

4. 游船码头调研表格

游船码头调研问卷填写表

问卷结构	内容
标题	
问卷说明	
正文	
结尾	

5. 实训评价

学生自评——职业素养

序号	素养自评内容	评价标准	达标	未达标
1	协作意识	团队分工明确，沟通顺畅，共同完成实训任务		
2	自学能力	能够借助网络资源自主学习，确定调研对象，完成问卷设计		
3	创新精神	思路开阔，提出具有可行性建议		

教师评价——职业素养

序号	素养评价内容	评价标准	达标	未达标
1	协作意识	团队分工明确，沟通顺畅，共同完成实训任务		
2	自学能力	能够借助网络资源自主学习，确定调研对象，完成问卷设计		
3	创新精神	思路开阔，提出具有可行性建议		

课后提升

案例：水陆联运 一票联乘直达花博园

2021年上海花博会开幕以来，前来参观的市民络绎不绝。不少市民选择集约化出行方式，搭乘花博专线、定制巴士专线等前往花博园。其中，水陆联运专线因靠近吴淞、石洞口码头，特别受到上海市北部市民欢迎。两条花博客轮专线与陆上三条接驳专线无缝衔接，一票联乘即可直达花博园，让市民出行更顺畅、便捷，如图4-8所示。

据了解，花博会期间共开设石洞口码头—新河码头、吴淞码头—新河码头两条客轮专线，以及市、区两端陆上三条接驳专线，即富锦路公交枢纽—石洞口码头、水产路公交枢纽—吴淞客运站、新河码头—花博园北P1停车场。两条客轮专线一小时一班，票价优惠，而且凭花博水陆联运预约码，市民可免费乘坐接驳专线前往花博园。

(a)　　　　　　　　　　　　　　　(b)

图4-8　上海花博会水陆联运

思考题：上海花博会如何通过水陆联运体现岸上交通设置原则？

任务5　认知内河游船岸上交通安全管理

 任务简介

1.任务描述

认知游船岸上交通安全管理的基础；认知游船岸上交通运营安全管理、日常维护管理、安全宣传管理和紧急救援管理。

2.任务要求

符合游船岸上交通安全管理要求与标准，调研国内一家游船公司，分析其岸上交通安全管理内容。

3.学习目标

（1）知识目标：会说明游船岸上交通安全管理的基础；会运用岸上交通安全管理的内容。

（2）能力目标：能分析游船岸上交通安全管理内容。

（3）素养目标：有良好的表达能力、沟通能力与协调能力。通过调研游船岸上交通安全管理内容，提升学生严谨认真、精益求精的职业素养。

知识储备

港口客运作为一种特殊的交通类型，能否更好地组织水陆交通，发挥运输中转功能，创造舒适宜人、安全通畅的运输环境，是关乎港口建设成败的重要问题。

公共安全与公共管理密切相关，地方政府作为公共安全管理工作的核心，在内河游船交通安全管理工作中发挥着至关重要的引导统领作用，其管理职能主要表现为：通过政策制定与发布来负责"掌舵"，运用多种手段协调整合社会各类资源，推动游船服务经营企业"划桨"，以确保政府在公共安全管理工作中发挥最大的作用。

因此，地方政府建立健全有针对性的交通安全管理体制机制，配套相应的产业规划和资金投入，并由牵头部门组织开展游船公司职能协调分工，厘清职责边界，这是游船公司岸上交通安全管理的基础。

游船岸上交通安全管理包括以下内容。

1. 运营期间安全管理

第一，加强自然灾害防御，密切关注气象水文状况，遇到恶劣天气及时作出应变处理，保障运营安全；第二，建立健全安全管理制度并强化落实，加强员工培训，岸上交通关键岗位人员必须熟知运营系统有关操作流程，掌握水位预警机制、远程操控措施等，确保运营系统安全有效运转；第三，客运控制中心及港口现场当班人员应通过视频监控系统或现场巡查方式实时掌控岸上交通运行动态，同时要落实专门技术人员值守，一旦发生故障能在最短时间内到达现场进行处理；第四，为保障游客候船或顺利通行，在客流高峰期，应安排现场工作人员在浮式栈桥、电梯出入口等位置做好疏导工作，防止拥挤踩踏、人员落水等意外事故的发生；第五，制订合理的船舶停靠计划，加强船岸间通信联系，保障游船靠泊安全，趸船、浮式栈桥等部位要按照要求配备救生圈、救生衣等设施。

M4-6 内河游船岸上交通安全管理（1）

2. 日常维护管理

第一，按照规定开展岸上交通设施设备检查：定期检查安全防护罩等机械防护装置，超负荷开关、电气联锁、紧急制动开关等限位装置，防爆设施、可燃气体报警装置、安全网、防护栏等环境防护设施；第二，定期对交通服务设施、通风系统、消防照明系统、应急救援通道、广播系统等进行巡查检查，发现设施设备老旧损坏，须及时维修更换，若发现影响电梯安全运行的问题，要立即停止电梯使用，待彻底修复后方可继续使用；第三，定期清扫电气控制柜，检查广播系统、控制系统等，并测试其技术技能和协调性，检查和更换消防救生设施等防护用品。

M4-7 内河游船岸上交通安全管理（2）

3. 安全宣传管理

第一，在候船大厅及醒目位置设计制作游客安全提示宣传栏，写明举报电话和应急搜救电话，提升游客安全管理意识，加强船岸安全宣传教育工作；第二，编印游客安全须知等宣传资料，普及救生衣穿戴、救生筏的应用等知识，在旅游旺季如"五一""十一"和暑期开展安全宣传活动，在游船码头发放宣传资料，加强对游客的安全宣传教育。

4. 安全管理制度

第一，应符合国家有关法律法规和交通、旅游等行业主管部门制定的相关安全规定，通过港口安全生产标准化体系达标认证，并严格按照安全生产标准化体系的要求组织开展安全生产。第二，港站各级负责人作为安全生产第一责任人，应设置专门的安全管理机构并配备专职安全管理人员，建立完善的安全管理责任体系、安全监控系统，采取有效的安全生产措施，确保安全生产。第三，应设置安检区并配备必要的安检设施，严格执行游客及行包安检；定期、不定期针对生产场所、交通工具以及人群聚集区域等开展各类安全检查，及时发现隐患、限期整改、动态反馈，对发现的问题有记录、有追踪、有改进措施和反馈建议。第四，应定期组织全员进行消防、治安、反恐等各类安全知识培训，并采用多种形式深入强化安全生产意识，普及安全生产常识，广泛开展全员安全宣传教育。

5. 紧急救援管理

针对火灾、地震、治安、落水等突发事件及重大安全生产事故制订专门的应急预案，包括报告程序、应急指挥、应急设备储备及处置措施等内容，并针对节假日制订安全预案；所有应急预案应定期进行演练，确保各岗位人员明确其安全职责并掌握相关安全救生、逃生技能。

建立垂直集疏平台，并与水平集疏平台相连，可供广泛开展紧急疏通和救援。水平集疏平台一般设有三条通道，上下游侧各设消防和应急救援通道，中间为游客集散通道。靠泊的游船若发生火灾等事故时，可开启水面以上所有垂直集疏平台的应急步行梯，使游客前往进行避险逃生，同时，可利用原有码头的浮趸和跳板改造成应急救援通道，充分保障游客的生命安全。

 知识拓展

港口与集疏运

港口是位于河海、湖泊、水库沿岸，有水陆域及各种设施，供船舶进出装卸货物或者旅客集散的地方，其繁忙程度直接体现出当地及腹地的经济发展水平。

所谓港口集疏运，是由铁路车辆、汽车、转运船舶等运输工具将货物或旅客从腹地集中到港口由船舶运出，或将船舶运进港口的货物或旅客疏散到腹地的运输。港口集疏运能力与船舶运输能力需保持平衡或稍有富余，使港口保持畅通而不致发生堵塞，这样有利于船舶运输能力的提高。

目前，我国已经形成了布局合理、层次分明、功能齐全、河海兼顾、优势互补、配套设施完善、现代化程度较高的港口体系。港口正向着大型化、深水化、专业化发展。我国内河主要港口面貌也有了重大改观，长江水系、珠江水系、京杭运河和淮河水系、黑龙江和松辽水系形成了沿江（河）港口带。

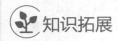 知识检测

单项选择题

（1）公共安全管理工作的核心是（　　）。

A. 行业主管部门　　B. 地方政府　　　C. 交通部门　　D. 安全部门

（2）为保障游船靠泊安全，按照要求需配备救生圈等设施的部位是（　　）。

A. 码头　　　　　B. 浮栈桥　　　C. 电梯出入口　D. 游船出入口

（3）内河游船岸上交通管理需建立有效的（　　）。

A. 独立专用工作频道　　　　　B. 视频录像和录音系统

C. 岸上交通通用频道　　　　　D. 视频监控系统

（4）停靠的游船若发生突发事件时，可改造成应急救援通道的是（　　）。

A. 游船甲板　　B. 跳板　　　C. 电梯　　　　D. 趸船

（5）游船岸上交通安全日常管理中，需定期检查和更换（　　）。

A. 消防救生设施　B. 电器　　　C. 广播系统　　D. 交通服务设施

（6）游船岸上交通安全管理培训中，需确保各岗位人员掌握的基本技能是

（　　）。

A. 紧急救援　　　　B. 治安反恐　　　C. 消防安全　　　D. 救生逃生

（7）港口与辐射区域互相联系的通道是（　　　　）。

A. 交通管理系统　　　　　　　　B. 交通通用频道

C. 集疏运系统　　　　　　　　　D. 安全管理系统

（8）港口客运斜坡缆车站台建设要求中，上下车站台宽度应不小于车体（　　　　）。

A. 宽度　　　　　B. 长度　　　　　C. 高度　　　　　D. 进深

（9）适用于大水位差旅游客运码头的岸上交通工具是（　　　　）。

A. 斜坡缆车　　　　　　　　　　B. 制动缆车

C. 斜坡码头自动扶梯　　　　　　D. 牵引缆车

（10）负责乘客及相关人员上下岸运输的地面缆车又称（　　　　）。

A. 斜坡缆车　　　　B. 制动缆车　　　C. 自动扶梯　　　D. 牵引缆车

✳ 任务实施

1. 实训目标

通过调研本地游船公司，分析其岸上交通管理，掌握游船岸上紧急救援措施。

2. 实训内容

以小组为单位，选择本地游船公司，分析其岸上紧急救援措施。

3. 实训步骤

（1）自由组建调研小组，选定调研对象；

（2）设计调研问卷；

（3）实地调研，完成实训任务；

（4）将调研成果整理到相关表格。

4. 游船码头调研表格

调研问卷填写表

问卷结构	内容
标题	
问卷说明	
正文	
结尾	

5. 实训评价

学生自评——职业素养

序号	素养自评内容	评价标准	达标	未达标
1	协作意识	团队分工明确，沟通顺畅，共同完成实训任务		
2	自学能力	能够借助网络资源自主学习，确定调研对象，完成问卷设计		
3	创新精神	思路开阔，提出具有可行性建议		

教师评价——职业素养

序号	素养评价内容	评价标准	达标	未达标
1	协作意识	团队分工明确，沟通顺畅，共同完成实训任务		
2	自学能力	能够借助网络资源自主学习，确定调研对象，完成问卷设计		
3	创新精神	思路开阔，提出具有可行性建议		

 课后提升

案例：中国红"龙门吊" 延续重庆城市记忆

2021 年 11 月，经重庆市规划委员会暨历史文化名城保护委员会审议，确定了寸滩国际邮轮母港建筑实施方案。

寸滩国际邮轮中心是推动寸滩国际邮轮母港建设的重大功能设施和重要地标建筑，项目位于寸滩港口区，占地 6.6 公顷，计容建筑规模 6.5 万平方米，其中客运枢纽 1.5 万平方米、商业 5 万平方米。建成后，全球首个自感式登船桥将随着水位变化而自动升降，实现游客便捷快速登离船。

建成后的建筑将延续中轴景观廊道，打造"云端城市客厅"。建筑体量稳重对称、宏伟硬朗，造型简洁、标志性强，富有现代感；未来的邮轮母港站 TOD（transit-oriented development）项目，将设计叠级公园连接港口区与 TOD 综合体，将主轴城市空间集零为整，以室外屋顶花园动线、下沉花园室内商业动线，立体无缝衔接公交、地铁站与港口区。如图 4-9 所示。

(a)　　　　　　　　　　　　(b)

图4-9　重庆寸滩国际邮轮中心的现在与未来

思考题：重庆寸滩国际邮轮中心如何提升游客换乘体验？

项目五 内河游船营销管理

内河游船市场营销是市场营销在邮轮旅游业中的具体应用，随着旅游业的高速发展和邮轮旅游市场竞争的日益加剧，众多的邮轮企业（远洋邮轮和内河游船）经营管理者越来越重视研究市场营销学理论，并借鉴其他行业市场营销的实践经验，结合邮轮旅游市场的特点，深入开展邮轮企业营销管理活动，借以在激烈的市场竞争中占据有利形势，促进企业长期生存并得以长远发展。

任务1 认识内河游船营销管理

任务简介

1. 任务描述

掌握内河游船营销管理的基础理论。

2. 任务要求

依据营销管理的基础理论，掌握内河游船营销管理的本质内涵。

3. 学习目标

（1）知识目标：会依据营销管理基础理论，掌握营销管理的本质内涵。

（2）能力目标：能将营销管理的基础理论运用到内河游船的各项服务过程中。

（3）素养目标：有团结协作意识及良好的表达能力、沟通能力与协调能力。通过开展营销管理活动，提升学生团队协作精神与文化素养。

知识储备

根据杰罗姆·麦卡锡在《基础营销学》的定义，营销是指某一组织为满足顾客需求而从事的一系列活动，是关于企业如何发现、创造和交付价值以满足一定目标市场的需求，同时获取利润的行为过程。

（一）了解营销管理的含义

营销管理就是在市场行为中，以营利为目标，把组织、架构、人员、培训、绩效、考评、薪资等众多要素综合制订并优化实施的行为。

从营销理论的发展历史来看，以企业为中心的营销观念（生产观念、产品观念和推销观念）转向了以消费者为中心的营销观念。随着服务营销、社会营销、全员营销等概念的推出，营销理论增加了对个人和组织的关注，同时将产品的内涵拓展到了除货物和劳务以外的理念、创意。将组织职能加入营销管理范畴，是因为营销管理的理念必须在企业的整个价值链中得到认可和认同。

将营销过程从产品的传递进化至客户价值的传递，体现了以客户为中心、企业价值产生于客户价值的思想，且将这种客户价值的传递有效化和持久化。

（二）认识营销管理的本质

企业制定营销政策，必须充分考虑营销政策涉及的五个方面，即企业、消费者、经销商、终端、销售队伍，每个方面都有各自的需求，因而，营销管理的本质是需求管理。

1. 企业需求管理

在宏观经济社会背景不变的情况下，市场发展的不同阶段，企业有不同的需求。具体体现为：

① 在市场孕育期，企业面临资金原始积累的压力，要迅速打开市场，可能采取的营销政策是高提成、高返利、做大户等；

② 在市场成长期，面对竞争对手，可采取的营销政策是开发多品种产品、完善渠道规划、激励经销商等；

③ 在市场成熟期，企业尤其需要延续产品的生命周期，这时企业要不断推出新产品，以及花样繁多的促销政策；

④ 在市场衰退期，企业要尽快回收投资及变现。

因此，不同阶段企业有不同需求，满足企业需求是第一位的。

2. 消费者需求管理

消费者的需求简言之就是消费者对好的产品质量有需求、对合理的价格有需求以及对良好的售后服务有需求。要注意的是消费者的需求不都是自发的，因此要根据市场情况适当地引导刺激、慢慢培育，有计划地随着市场购买力、社会环境、经济环境的变化来诱发消费者的需求。

3. 经销商需求管理

经销商的需求根据市场不同的发展阶段和产品的生命周期，会随时发生变化，因此企业要针对经销商实际需要不断制订出符合经销商的销售政策、产品政策和促销政策。

4. 终端需求管理

参照企业自身资源和目标市场大小，在终端的需求方面可以直接建立终端的市场经营团队，建立终端市场的营销网络，并做好终端市场的维护和支持。

5. 销售队伍需求管理

任何营销策略和目标，最终都得靠销售团队来执行。具体而言，销售队伍对合理的待遇有需求，对培训机会有需求，对发展空间有需求，因此，企业要在不同阶段，发掘销售团队的需求，尽可能满足他们的真实需求。

（三）了解营销管理的内容

营销管理主要包含分析市场机会、选择目标市场、制定营销战略、设计营销方案和实施营销管理等五个方面。

1. 分析市场机会

市场机会是一种消费者尚未得到满足的潜在需要，分析、评价和掌握市场机会是营销管理的首要任务。

2. 选择目标市场

市场机会的发现使企业知道了它应当去满足什么样的需求。面对同样的需求，不同消费者群体所要求的满足形式、程度和成本等是不一样的。企业需要对市场进行细分，选择目标市场，进行市场定位，并提供最受欢迎的满足模式，从而在市场中建立起自己的相对优势。

3. 制定营销战略

营销战略直接受企业的目标战略所指导。企业在新产品的开发、品牌的管理与经营、市场的进入、市场的布局以及市场的促销等方面都要作出具有新意和实效的战略策划，确保企业的营销目标能够顺利实现。

4. 设计营销方案

营销方案一般包括以下三项内容：

① 具体的营销活动。包括产品开发、价格制定、渠道选择、后勤保障、人员推销、广告和新闻宣传以及营业推广活动等。

② 营销的费用预算。

③ 营销资源的分配。营销资源的分配应考虑使各种策略工具（如产品、定价、分销、促销）形成合理结构，还应考虑各种资源在不同区域市场中的合理分配，以及在不同的阶段中的投入，保持营销活动的节奏感和持续性。

5. 实施营销管理

营销计划的实施是营销目标实现的最后一步，营销计划的成功实施取决于一个高效的营销组织系统和一套完备的营销控制程序。营销控制是保证营销计划顺利实施的重要环节，一般主要抓好三个方面的控制：

① 年度计划的控制，即从数量和进度上保证营销计划的实施；

② 盈利能力的控制，即从营销的质量上进行检验和提高；

③ 战略控制，特别关注营销计划同环境的适应性，以及实现营销活动和企业总体战略目标的一致性。

（四）了解内河游船营销管理的特征

1. 认知内河游船营销管理的内涵

内河游船营销管理是内河游船运营商以内河游船为运载工具，结合邮轮旅游市场要素，对邮轮营销战略各环节进行分析、计划、执行和控制并最终实现经营目标的行为过程的总和。具体有三层含义：

① 在旅游市场细分中的主体为内河游船运营商，以区别于其他要素；

② 这是一个过程管理，是对邮轮营销战略诸要素进行系统性、综合性的分析、计划、执行和控制的过程；

③ 以实现经营目标为核心，也就是以营利为目的。

2. 内河游船营销管理的特征

由于运载工具的局限，与旅行社营销、酒店营销管理等不同，内河游船营销管理的综合性更强，具体表现为：

① 旅游目的地的双重性；
② 旅游要素的全覆盖；
③ 旅游产品的多元化；
④ 旅游线路的多样化。

知识拓展

人物简介——菲利普·科特勒

菲利普·科特勒（1931 年至今），美国经济学教授。现代营销集大成者，被誉为"现代营销学之父"，任美国西北大学凯洛格管理学院终身教授，美国管理科学联合市场营销学会主席，美国市场营销协会理事，营销科学学会托管人，管理分析中心主任，杨克罗维奇咨询委员会成员，哥白尼咨询委员会成员，中国 GMC 制造商联盟国际营销专家顾问。

主要著作：《营销管理》《混沌时代的管理和营销》。

其他也被采用为教科书的还有：《科特勒营销新论》《非营利机构营销学》《新竞争与高瞻远瞩》《国际营销》《营销典范》《营销原理》《社会营销》《旅游市场营销》《市场专业服务》及《教育机构营销学》。2008 年又出版了《亚洲新定位》和《营销亚洲》。

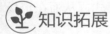 知识检测

简答题

（1）简述内河游船营销管理的实质内涵。
（2）简述营销管理理论中"4P"的含义。
（3）简述营销管理的内容。
（4）简述内河游船营销管理的特征。
（5）一项营销方案主要包括的要素有哪些？

任务实施

1. 实训目标

掌握营销活动的主要过程。

2. 实训内容

以小组为单位，实施以下任务：
（1）机会的辨识；
（2）新产品开发；
（3）对客户的吸引；
（4）培养忠实顾客；
（5）订单执行。

3. 实训步骤

（1）人员分组及分工；
（2）制作长江三峡游船产品简介 PPT；

（3）人员讲解及展示。

4.实训评价

学生自评表

序号	技能内容	评价标准	达标	未达标
1	准备工作	PPT 制作		
2	讲解能力	语言流畅、逻辑严密		
3	效果	消费者产生需求共鸣		

教师评价表

序号	素养内容	评价标准	达标	未达标
1	协作意识	团队分工明确，沟通顺畅，共同完成实训任务		
2	职业道德	能够严格遵守实训要求		
3	职业能力	操作严谨、规范		
4	创新意识	提出可行性建议		

课后提升

案例：宜昌交运"交运·两坝一峡"项目营销策划

宜昌交运"交运·两坝一峡"项目是经过对旅游市场及营销环境的分析，对三峡游船进行品牌定位、口号设计及营销策划，将观光型旅游提升为涵盖游船体验、自然风光体验、民俗文化体验、登江体验、水电工程体验的体验式旅游产品。

品牌口号设计为"风光何止一轮！"，寓意好风光"绝对不止一轮"，同时双关指出提供的不只是舒适、豪华的游船体验，更有全方位旅游体验，后续将有更多游船投入运营。

营销推广上，运用整合营销理念，科学设计媒介、活动、公关组合营销模式，并提出了以自媒体为主的风暴传播营销新手法，全面提升了产品及品牌的认知度和美誉度。如图 5-1 所示为宜昌游客中心营销显示屏。

图5-1　宜昌游客中心营销显示屏

思考题：用营销管理活动过程理论为"交运·两坝一峡"项目拟定营销方案。

任务2　内河游船营销环境分析

任务简介

1. 任务描述

认知内河游船营销宏观环境、微观环境；掌握 SWOT 分析法。

2. 任务要求

了解宏观环境和微观环境分析的基本要素，掌握 SWOT 分析法。

3. 学习目标

（1）知识目标：熟练运用宏观、微观环境影响因素，完成 SWOT 分析。

（2）能力目标：能对环境因素中各要素进行熟练分析。

（3）素养目标：有分工协作意识及良好的表达能力、沟通能力与协调能力。通过时政要闻等时事内容，提升学生的政治分辨意识与独立思维意识。

知识储备

市场营销环境是指一切影响、制约企业经营活动的因素，这些因素造成的结果是环境威胁或市场机会。

在营销活动中，企业的经营战略、营销战略均会受到外部宏观环境等不可控因素的影响，因此需要妥善运用内部环境的有利因素，不断调整内部一切可控资源，以达到与关联环境的协调平衡，从而顺利实现企业经营目标。

（一）认识内河游船营销环境

1. 掌握内河游船营销环境的含义

内河游船营销环境是指影响内河游船旅游市场和旅游目的，营销者和营销对象，以及游船旅游业赖以生存、发展的因素和条件的集合，主要分为微观营销环境和宏观营销环境。

微观营销环境是指与游船公司紧密相连，直接影响企业营销能力的各种参与者，主要包括企业自身、顾客、竞争者、营销渠道和有关公众等。

宏观营销环境是指影响企业营销活动的社会力量和因素，主要包括游船旅游市场中的人口、经济、自然、科学技术、政治法律、社会文化等宏观因素。

2. 了解内河游船营销环境的特点

① 客观性。游船旅游营销环境是一种客观存在，不以企业的意志为转移，有着自己的运行规律和发展趋势。

② 关联性。构成游船旅游营销环境的各种因素和力量是相互联系、相互依赖的。

③ 层次性。第一层次是企业所在的地区环境；第二层次是相关政策法规、社会经济因素；第三层次是国际环境因素。

④ 差异性。因游船公司及游船旅游产品所处的地理环境、生产经营的性质、政

府管理制度等方面存在差异，内河游船营销环境的差异性不仅表现在不同企业受不同环境的影响，而且同样一种环境对不同企业的影响也不尽相同。

⑤ 动态性。运营环境随着时间的推移而处于不断的变化之中。

（二）对内河游船旅游营销宏观环境进行分析

宏观环境是指那些给企业创造市场机会和环境威胁的主要社会力量，包括人口地理环境、经济环境、自然环境、科学技术环境、政治和法律环境以及社会文化环境等。内河游船是一种提供享乐旅程的客轮，是水上客运旅游的重要工具，船上的娱乐设施及优质服务，被视为旅程中不可缺少的重要部分。内河游船一般定期或不定期沿一定的水上旅游线路航行，在一个或数个观光地停泊，以便让游人参观游览。为此，对于游船企业、沿岸景区景点、旅游交通、竞争状况等都要进行营销环境分析。

1. 人口地理环境分析

目前，对于江河湖泊区域内的人口地理环境主要从下列指标进行分析：

① 区域内人口总量。

② 区域内人口地理分布及流动，尤其是人口在地区上的分布，与市场消费需求有密切关系。

③ 年龄结构。消费者因年龄差别，对于游船旅游产品和服务产生不同的需求，形成各具特色的市场。

④ 家庭结构。

2. 经济环境分析

① 消费者收入，包括消费者个人工资、红利、租金、退休金、馈赠等收入；

② 消费者支出模式和消费结构；

③ 消费者储蓄和信贷情况。

3. 自然及科技环境分析

① 能源成本的增加及节能科技生产力的推动。开发和研制清洁能源、新能源船舶，提高新材料的运用等措施的实施，对游船企业来说都是极佳的营销机会。

② 科学技术的发展为企业提高营销效率提供了更新更好的物质条件，同时也推动了消费者需求向高档次、多样化方向发展，消费者消费的内容更加纷繁复杂。

4. 社会文化环境分析

① 价值观念。

② 教育水平。教育水平的高低影响消费者对商品的鉴别力，影响消费者心理、购买理性程度和消费结构。

③ 宗教信仰。宗教色彩会影响消费行为。

④ 消费习俗及消费潮流。由于受社会文化多方面的影响，消费者会产生共同的审美观念、生活方式和情趣爱好，从而形成一种社会风尚。

5. 政治和法律环境分析

我国游船旅游业迅速发展，国家主管部门制定了一系列鼓励发展的政策措施，各地方政府也纷纷出台具有地方特色的行业管理政策，鼓励、规范和促进游船旅游行业快速健康发展。

（三）对内河游船旅游营销微观环境分析

微观环境指的是企业内部环境、企业的市场营销渠道、竞争者、顾客群体和各种公众等因素。

1. 内部环境分析

游船企业的经营理念、管理体制与方法、企业的目标宗旨、企业精神与企业文化等因素，都影响着企业的人财物资源配置和营销活动。

2. 营销渠道分析

① 供应商。为游船供应原材料、能源、劳动力和资金等资源的企业组织。

② 商人中间商。包括旅行社分销商、邮轮票务代理、FIT（foreign individual tourist，异地零散游客）自由行模式。

③ 直销推广模式。

④ 零售包船模式。

3. 竞争者分析

当前我国内河游船旅游市场的竞争，主要分布在黄浦江、长江三峡、珠江流域等区域，存在的竞争要素主要有：

① 产品价格竞争；

② 产品形式竞争，即提供同种但不同型号的产品，满足购买者某种欲望，与竞争企业争夺同一顾客；

③ 品牌竞争，即能满足消费者的同一需要的同种形式产品不同品牌之间的竞争。

4. 顾客群体分析

顾客的构成主要有终端消费者、生产经营消费者、非营利组织市场消费者和国际市场消费者。

5. 公众分析

公众是指对企业实现其市场营销目标构成显在或潜在影响的任何团体和个人，包括：

① 金融机构，指影响企业取得资金能力的任何机构；

② 媒介公众，指报纸、杂志、广播、电视，以及互联网等具有广泛影响的大众媒体；

③ 政府公众及社团公众，各级行政主管部门和各种消费者权益保护组织、环境保护组织、少数民族组织及其他群众团体等；

④ 社区公众，指企业附近的居民群众、地方官员等；

⑤ 一般公众，是指上述各种公众之外的社会公众；

⑥ 企业内部公众，如企业董事会成员、经理、员工等。

（四）熟练掌握内河游船营销 SWOT 分析法

营销环境分析常用的方法为 SWOT 分析法，它是英文 strengths（优势）、weaknesses（劣势）、opportunities（机会）、threats（威胁）的简称。

1. 机会与威胁分析

环境发展趋势分为两大类：一类为环境威胁，另一类为环境机会。

环境威胁指的是环境中一种不利的发展趋势所形成的挑战，如果不采取果断的战略行为，这种不利趋势将导致公司的竞争地位受到削弱。

环境机会就是对公司行为富有吸引力的领域，在这一领域中，该公司将拥有竞争优势。

2. 优势与劣势分析

能够识别环境机会并不意味着拥有在机会中成功所必需的竞争能力。每家企业都要通过检查营销、财务、生产和组织能力等指标，定期检核自己的竞争优势与劣势。

所谓竞争优势是指一个企业超越其竞争对手的能力，这种能力有助于实现企业的主要目标——盈利。但值得注意的是，竞争优势并不一定完全体现在较高的盈利率上，因为有时企业更希望增加市场份额，或者多奖励管理人员或雇员。

竞争优势可以指消费者眼中一个企业或它的产品有别于其竞争对手的任何优越的要素，它可以是产品线的宽度，产品的大小、质量、可靠性、适用性、风格和形象以及服务是否及时、态度是否热情等。

M5-2 内河
游船运营的
环境分析

🌱 知识拓展

波士顿矩阵

波士顿矩阵（BCG Matrix），又称市场增长率 - 相对市场份额矩阵、波士顿咨询集团法、四象限分析法、产品系列结构管理法等。波士顿矩阵由美国著名的管理学家、波士顿咨询公司创始人布鲁斯·亨德森于 1970 年首创。

波士顿矩阵认为决定产品结构的基本因素一般有两个：市场引力与企业实力。市场引力包括整个市场的销售量（额）增长率、竞争对手强弱及利润高低等。其中最主要的是反映市场引力的综合指标——销售增长率，这是决定企业产品结构是否合理的外在因素。

1. 基本原理

将企业所有产品从销售增长率和市场占有率角度进行再组合。在坐标图上，以纵轴表示企业销售增长率，横轴表示市场占有率，各以 10% 和 20% 作为区分高、低的中点，将坐标图划分为四个象限，依次为"明星类产品""问题类产品""金牛类产品""瘦狗类产品"。

2. 基本步骤

核算企业各种产品的销售增长率和市场占有率。

3. 基本计算公式

本企业某种产品绝对市场占有率 = 该产品本企业销售量 / 该产品市场销售总量

本企业某种产品相对市场占有率 = 该产品本企业市场占有率 / 该产品市场占有份额最大者（或特定的竞争对手）的市场占有率

知识检测

1. 多项选择题

（1）经济环境因素包括（　　　）。

A. 国民经济　　　　　B. 居民经济　　C. 区域经济　　　D. 资源经济

（2）企业内部公众不包括（　　　）。

A. 广告商　　　　　B. 企业董事会　C. 经理　　　　D. 证券公司

2. 简答题

（1）简述经济环境因素的范畴。

（2）简述公众的范围。

（3）简述 SWOT 分析法的含义。

任务实施

1. 实训目标

运用 SWOT 分析法对宜昌交运集团"长江三峡"系列游船进行营销环境分析。

2. 实训内容

以小组为单位，实施以下任务：

（1）优势分析；

（2）劣势分析；

（3）机会分析；

（4）风险分析。

3. 实训步骤

（1）收集"长江三峡"系列游船的相关资料；

（2）采取抽签对抗，分别就优劣势及机会风险进行 PPT 制作、展示和辩论。

4. 实训点评

学生自评表

序号	技能内容	评价标准	达标	未达标
1	准备工作	信息实时准确，PPT 科学合理		
2	讲解能力	语言流畅，逻辑严密		
3	效果	数据链信息完整，说服力强		

教师评价表

序号	素养内容	评价标准	达标	未达标
1	协作意识	团队分工明确，沟通顺畅，共同完成实训任务		
2	职业道德	客观公正		
3	职业能力	逻辑严谨，用语规范，表述准确		
4	创新意识	提出可行性建议		

课后提升

案例：包船分销模式旅行社代理的三大必备实力

一般说来，能够成功完成邮轮包船的旅行社代理必须具备以下三大条件：

1. 雄厚的可支配资金

豪华邮轮包船所需要动用的资金以千万计。考虑到销售现金回流程序，对现金流水一向比较紧张的旅行社来说困难较大。

2. 强大的销售网络渠道和能力

无论是以渠道分销为主还是以直客营销见长，甚至批零兼营的大型公司，在销售中，面临的最大挑战就是在出发前将所有资源全部不剩地销售出去。

3. 运营组织操作能力

包船模式，旅游公司不得不集全力保证操作运营，地面接待和呼叫服务中心几个重要环节都不能出任何的纰漏，而一般的旅行社则根本无法承担如此重任和挑战。

综上所述，资金、销售和运营操作能力是旅行社进行包船的三大门槛。

思考题："包船模式"的环境威胁和机会在哪里？

任务3　内河游船营销管理过程分析

任务简介

1. 任务描述

了解内河游船营销管理过程。

2. 任务要求

制订内河游船营销管理过程的阶段性内容。

3. 学习目标

（1）知识目标：会设计营销管理的过程步骤及各步骤的工作要求。

（2）能力目标：能按照各步骤的工作要求，拟定合适的管理内容。

（3）素养目标：有分工协作意识，以及良好的表达能力、沟通能力与协调能力。通过学习管理过程控制等内容，提升学生企业管理素养与文化素养。

知识储备

菲利普·科特勒认为，市场营销管理过程必须具备以下五个步骤：

第一步，发现和评价市场机会；

第二步，细分市场和选择目标市场；

第三步，发展市场营销组合；

第四步，决定市场营销预算；

第五步，执行和控制市场营销计划。

市场营销作为管理过程是一个计划与实施的过程，具体包括产品和服务的设计、定价、促销、分销和交换等，以达到个人和组织的目标。

（一）研究内河游船营销的市场机会

全球内河游船旅游产业主要有四大市场：欧洲的莱茵河、多瑙河，埃及的尼罗河，美国的密西西比河和中国的长江。目前，中国的内河游船产业处于培育期，发展力量主要集中在游船政策制定、游船码头建设、游船船队引进、游船旅游观光和接待等方面，在游船管理、游船产业规划、游船制造、游船服务体系、游船市场机制、游船消费理念等方面发展空间很大。

中国游船旅游渗透率不到 0.02%，未来，受益于消费升级、人口结构变迁以及政策推动等因素影响，中国游船市场尤其是内河游船旅游市场有着极为广阔的发展空间。在我国内河游船旅游市场中，长江三峡航线是我国最早向全球推介的国际黄金旅游线路之一，相对于黄河流域、京杭大运河、淮河、海河、珠三角等内河游船旅游来讲，其市场份额占比较大。长江干线航道长达 2800 公里，旅游航程最长，所经区域有 14 处世界遗产，69 个国家级风景名胜区，37 个国家级历史文化名城，22 个国家首批 AAAAA 级景区，接待游客的能力达每年 20 万～30 万人，产业效益增长空间非常大。

（二）了解内河游船旅游细分市场和选择目标市场

根据菲利浦·科特勒的 STP 理论，我们将市场分析分成市场细分、目标市场选择和市场定位三个步骤。

1. 市场细分

通常根据消费者的消费行为、收入水平、年龄结构、个性特点和生活方式等指标进行市场细分，同时要兼顾企业所处的行业特征、市场的规模和地理位置等因素。

不同的消费者具有不同的偏好、消费理念和消费习惯，任何企业的任何产品都不可能满足所有消费者的需求，所以企业需要针对市场情况结合企业自身资源，寻找最适合企业发展的市场，从而采用相匹配的营销组合，同时，还要综合考虑可行性和盈利性的要求。

2. 目标市场选择

通过大数据比对，我国内河游船旅游中，欧美游客体量逐年下降，东南亚、港澳台等地游客流量较过去有所增长，而内地（大陆）市场中，游客主要为 50～70 岁的中老年游客。

在选择目标市场之后，可采用集中性营销、差异化营销和无差异性营销等营销手段。

3. 市场定位

市场定位的目的是将企业或品牌与消费需求进行关联，进而让消费者产生需求时第一反应在心里想到该企业或品牌。在进行市场定位之前，企业需要深入了解自己品牌的特征和优势，以及竞争对手产品的特征、特色，进而确定企业自身产品或品牌的独特功能。

我们以"长江三峡"游船旅游的市场定位为例：

① 是我国最早向全球推介的两条国际黄金旅游线路之一；

② 是长江经济带上的重要旅游目的地；

③ 是世界内河游船的精品和典范；

④ 是长江旅游沿线推向全球的首要产品，也是全国推向世界的重要产品；

⑤ 长江游船产品是面向全球的高端旅游产品；

⑥ 长江游船旅游是全世界内河旅游中最安全、最舒适、最享受的旅游；

⑦ 长江游船旅游产品具有特色性和唯一性；

⑧ 长江游船旅游具有海洋邮轮不可比拟的优势。

由此可见，在我国广阔的内河流域中，游船旅游的市场定位应紧密结合其自然、人文和社会经济全貌来开展。

（三）确定内河游船旅游营销组合

1. 游船旅游产品

主要指水景吸引物，包括江河湖泊及其沿岸的港口、峡谷、山峰、瀑布、温泉、气候条件等自然风景资源，文物古迹、城乡风光、民族风情、建设成就等人文旅游资源。还包括游船本身的休闲活动项目，如游船餐饮住宿、通信、娱乐、健身等设施设备。如图 5-2 所示为游船上的娱乐产品。

图5-2　游船上的娱乐产品

① 旅游产品按游客旅游动机来分，主要有：

a. 游船观光产品。包括沿岸景区景点游览、名胜古迹游览、民居建筑游览等纯观光产品。

b. 休闲度假产品。如亲子度假游、先进个人奖励度假游等。

c. 文化旅游产品。包括沿岸风土人情、民俗文化项目的观光及体验。

d. 会议旅游产品。利用游船举办各型会议而购买的旅游产品及服务的综合消费。

② 旅游产品按构成来分，主要有：

a. 游船硬件设施；

b. 航次价格；

c. 游船航线；

d. 游船形象；

e. 游船服务；

f. 游船氛围。

2. 游船旅游产品定价

① 基础报价：包括船票、乘客港务费、燃油附加及小费，特别强调的是本价格所含项目为指定船舱客房、指定活动、指定餐饮，小费为一次性费用（游客自愿支付）。

② 二次消费：包括客房升舱、船岸观光景区景点（门票、交通费等）、休闲娱乐以及船内游览参观等二次收费项目。

从游船旅游产品价格设计角度来分析，内河游船价格又分为前端报价（登船前交通费用＋游船旅游费用）、后端报价（游船旅游费用＋离船后交通费用）、全报价（登船前交通费用＋游船旅游费用＋岸上旅游费用＋离船后交通费用）和单一报价（游船旅游费用）。

因此，在内河游船旅游产品定价时要充分考虑以下因素：

a. 竞争对手价格；

b. 游船的特性，主要是客房的类别，价格包括船票、食宿费用、娱乐健身费用，以及来往交通费用（一般不包括岸上消费项目）；

c. 航程时长；

d. 市场因素，主要指通过行业通用基本定价和满仓率等指标来进行成本控制。

3. 分销渠道

① 就分销商的构成来看，主要有：

a. 游船旅游代理商。包括旅行社、旅游批发商、行业协会。

b. 游船旅游经营商。包括交运企业、港口、景区景点等设立的门市部。

c. 游船旅游零售商。

d. 网络预订平台。包括中央预订系统（CRS）、全球分销系统（GDS）。

e. 游船旅游营销联合体。这些具有行业性质的营销组织技术运作上类似中央预订系统。

② 从销售形式来分析，可分为：

a. 线下销售。依靠旅行社、社区、电话直接发送游船旅游产品信息；依靠广播电视、报刊等传统媒体发送游船旅游信息等。

b. 线上销售。借助互联网平台进行产品销售，包括网站营销、微博微信、游轮APP，在搜索引擎上关键词的搜索排名等。

4. 销售促进

包括品牌宣传（广告）、公关、促销等一系列的营销行为。

（四）制定营销预算

营销预算是执行各种市场营销战略和政策所需的、最适量的、在各个营销环节和各种营销手段之间的预算分配，通常有销售收入预算、销售成本预算、营销费用预算三个部分，以及行政管理费用预算、研究开发费用预算、税务预算等指标。一个完整的营销预算，还包括资本预算、预算资产负债表、预算现金流量表等。

营销费用预算可分为市场费用预算和行政后勤费用预算两大类。市场费用是为了取得销售所产生的费用，比如广告费用、推销费用、促销费用、市场研究费用等；而行政后勤费用主要是指订单处理费用、运输费用、仓储费用、顾客投诉处理费用、后勤人员薪酬等。

营销预算项目指标在表现形式上通常包括固定费用（如广告、租赁、办公费等）、变动费用（如人员经费、差旅费等）、税金（如增值税及附加、其他税费）、财务费用等。

（五）执行和控制营销计划

游船旅游营销计划的执行与控制，需做好目标市场的评估与调整、游船旅游产品的定位与调整、营销组合策略的评估与调整等三个环节，尤其是市场环境的变化、游船旅游产品定价是否合理、广告效果及分销渠道是否畅通等。

M5-3 内河
游船营销
管理过程

🌱 知识拓展

STP理论

STP 理论中的 S、T、P 分别是 segmenting、targeting、positioning 三个英文单词的缩写，即市场细分、目标市场和市场定位的意思。市场细分是美国营销学家温德尔·史密斯在 1956 年最早提出的，此后，美国营销学家菲利浦·科特勒进一步发展和完善了温德尔·史密斯的理论并最终形成了成熟的 STP 理论。它是战略营销的核心内容。

STP 理论是指企业在一定的市场细分的基础上，确定自己的目标市场，最后把产品或服务定位在目标市场中的确定位置上。简言之，市场细分是指根据顾客需求上的差异把某个产品或服务的市场逐一细分的过程。目标市场是指企业从细分后的市场中选择出来决定进入的细分市场，也是对企业最有利的市场。市场定位就是在营销过程中把其产品或服务确定在目标市场中的一定位置上，即确定自己产品或服务在目标市场上的竞争地位，也叫竞争性定位。

🔍 知识检测

1. 多项选择题

（1）营销预算包括（　　　）。

A. 销售收入预算　　　　　　　B. 营销费用预算

C. 租赁费用预算　　　　　　　D. 销售成本预算

（2）STP 理论是指（　　　）。

A. 市场细分　　　B. 市场预测　　　C. 目标市场　　　D. 市场定位

2. 简答题

（1）简述我国主要的内河游船旅游分布区域。

（2）简述游船二次消费的主要项目。

（3）简述营销预算项目指标。

✳️ 任务实施

1. 实训目标

熟练掌握营销过程管理的基本步骤。

2. 实训内容

以小组为单位，实践营销管理的主要内容。

3. 实训步骤

（1）以"长江三峡"系列游轮为例收集相关资料；

（2）采取抽签对抗，分别就营销过程管理进行 PPT 制作、展示和辩论。

4. 实训评价

学生自评表

序号	技能内容	评价标准	达标	未达标
1	准备工作	信息实时准确，PPT 科学合理		
2	讲解能力	语言流畅，逻辑严密		
3	效果	熟练运用和计算各项指标数据		

教师评价表

序号	素养内容	评价标准	达标	未达标
1	协作意识	团队分工明确，沟通顺畅，共同完成实训任务		
2	职业道德	逻辑严谨，用语规范，表达准确		
3	职业能力	客观公正		
4	创新精神	提出具有可行性建议		

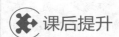 课后提升

案例：美食广场的营运管理

美食广场大体分为两种类型，一种类型是由餐饮开发管理机构负责，对面积达到一定规模的商业建筑进行整体规划、布局、装修及招商组织；另一种类型是由餐饮公司组建的大型美食酒楼。

① 选址。美食广场比较适合在人流集中的商业中心开设。比如，商业中心商场的顶楼，或者在商业街上达到一定规模的待开发的商业用房，都可以考虑开发美食广场项目。

② 确认美食广场的运营模式。根据当地的经济发展情况和市场成熟度来确定。比如统一管理和财务独立两者相结合的模式，即统一招商、统一装修、统一保安清洁，但收款不统一；或者租赁与共同开发合作模式，根据投资利润分成。

③ 特色要鲜明。经营项目要突出各自的风味和特色。

④ 本外地招商相结合。

⑤ 存在的问题：

a. 项目跟风；

b. 卫生问题；

c. 消防和安全问题；

d. 不当竞争。

思考题：美食广场运营模式中包含了哪些营销管理要素？

任务4　了解内河游船运营的生命周期

任务简介

1. 任务描述

了解旅游产品生命周期理论；掌握各周期的营销策略。

2. 任务要求

根据产品生命周期的判断方法，运用相应的营销策略。

3. 学习目标

（1）知识目标：会判断产品所处生命周期，并熟练运用产品生命周期营销策略；

（2）能力目标：能运用产品生命周期理论的辨别方法，实施相应阶段的营销策略；

（3）素养目标：有分工协作意识及良好的表达能力、沟通能力与协调能力。结合改革开放历程中的商品变迁史，融入中华传统美德、文化自信等内容，提升学生政治素养与文化素养。

知识储备

产品生命周期理论是美国哈佛大学教授雷蒙德·弗农 1966 年在其《产品周期中的国际投资与国际贸易》一文中首次提出的。产品生命周期（product life cycle），简称 PLC，是产品的市场寿命，即一种新产品从开始进入市场到被市场淘汰的整个过程。弗农认为，产品生命和人的生命一样，要经历投入、成长、成熟、衰退这样的周期。

（一）了解产品生命周期

1. 了解产品生命周期的基本内容

产品生命周期和企业制订产品策略以及营销策略有着直接的联系。典型的产品生命周期一般可以分成四个阶段，即投入期、成长期、成熟期和衰退期。

（1）投入期

产品投入市场便进入了投入期。此时产品品种少，顾客对产品还不了解，生产者为了扩大销路，不得不投入大量的促销费用，对产品进行宣传推广。该阶段由于生产技术方面的限制，产品生产批量小，制造成本高，广告费用多，产品销售价格偏高，销售量极为有限，企业通常不能获利，反而可能亏损。

（2）成长期

当产品通过试销效果良好，购买者逐渐接受该产品，产品在市场上站住脚并且打开了销路，需求量和销售额迅速上升，生产成本大幅度下降，利润迅速增长，这便进入了成长期。同时，竞争者看到有利可图，纷纷进入市场参与竞争，使同类产品供给量增加，价格随之下降，企业利润增长速度逐步减慢，最后达到生命周期利润的最高点。

（3）成熟期

产品进入大批量生产并稳定地进入市场之后，市场需求趋于饱和。此时，产品

**M5-4 内河
游船运营的
生命周期**

普及并日趋标准化，成本低而产量大。销售增长速度缓慢且呈下降态势，再加上竞争的加剧，导致同类产品生产企业之间不得不在产品质量、花色、规格、包装服务等方面加大投入，在一定程度上增加了成本。

（4）衰退期

衰退期表明产品进入了淘汰阶段。随着科技的发展以及消费习惯的改变等原因，产品的销售量和利润持续下降，产品在市场上已经老化，不能适应市场需求，市场上已经有其他性能更好、价格更低的新产品来满足消费者的需求。此时成本较高的企业就会由于无利可图而陆续停止生产，该类产品的生命周期也就陆续结束，以致最后完全撤出市场。

2.认识产品生命周期理论的意义

① 产品生命周期理论揭示了任何产品都和生物有机体一样，都有诞生—成长—成熟—衰亡的过程；

② 借助产品生命周期理论，可以分析判断产品处于生命周期的哪一阶段，推测产品今后发展的趋势，正确把握产品的市场寿命，并根据不同阶段的特点，采取相应的市场营销组合策略，增强企业竞争力，提高企业的经济效益；

③ 产品生命周期是可以延长的。

3.了解产品生命周期曲线

生命周期曲线的特点：在产品开发期间该产品销售额为零，公司投资不断增加；在投入期，销售缓慢，初期通常利润偏低或为负数；在成长期，销售快速增长，利润也显著增加；在成熟期，利润在达到顶点后逐渐走下坡路；在衰退期，产品销售量显著衰退，利润也大幅度滑落。

4.熟知产品生命周期的特征

在产品生命周期的不同阶段中，销售额、利润、顾客、竞争者等方面都有不同的特征，这些特征见表5-1。

表5-1 产品生命周期的特征

项目	投入期	成长期	成熟期	衰退期
销售额	低	快速增长	缓慢增长	衰退
利润	易变动	显著增加	达到顶点后下降	低或无
现金流动	负数	适度	高	低
顾客	创新使用者	大多数人	大多数人	落后者
竞争者	稀少	渐多	最多	渐少
策略重心	扩张市场	渗透市场	保持市场占有率	提高生产率
营销支出	高	高（但百分比下降）	下降	低
营销重点	产品知晓	品牌偏好	品牌忠诚度	选择性
分销方式	凑合式	密集式	密集式	选择性
价格	高	较低	最低	渐高
产品	基本	改进品	差异化	不变

（二）掌握内河游船产品生命周期各阶段营销策略

1. 投入期的营销策略

在内河旅游产品投入期，由于消费者对内河游船产品内容十分陌生，企业必须通过各种促销手段把游船名称、航线及相关产品信息引入市场，力争提高市场知名度；另一方面，投入期的生产成本和销售成本相对较高，所以，内河游船企业营销的重点主要集中在促销和价格方面。

（1）高价撇脂策略

这种策略在采取高价格的同时，配合大量的宣传推销活动，把新产品推入市场，其目的在于先声夺人，抢先占领市场，并希望在竞争还没有大量出现之前就能收回成本，获得利润。

（2）低价渗透策略

该策略是企业把新产品投入市场时价格定得相对较低，以吸引大量顾客及迅速打开市场，短期内获得比较高的市场占有率，同时通过接近成本的定价，吓退其他打算进入该领域的竞争者的一种定价策略。其优点是迅速占领市场，并有效地阻碍新竞争者的进入；缺点是低价不利于投资的尽快收回，也不利于日后提价，并有可能给顾客造成低价低质的印象。

2. 成长期的营销策略

在成长期，企业的营销重点放在保持并且扩大自己的市场份额，加速销售额的上升方面。主要策略有：

① 提升游船服务质量。在商标、包装、款式、规格和定价方面做出改进。

② 拓展新市场。进一步开展市场细分，积极开拓新的市场，开发新的客户。

③ 增加分销渠道。与旅行社、岸基销售网点加强合作扩大产品的销售面。

④ 充分利用价格手段，改变企业的促销重点。

3. 成熟期的营销策略

在成熟期，对于弱势产品应该放弃，以节省费用开发新产品。值得注意的是原来的产品可能还有其发展潜力，可以通过开发新用途或者新功能而重新进入新的生命周期。因此，企业应系统地考虑市场、产品及营销组合的修正策略。

① 市场修正策略。通过努力开发新的市场，来保持和扩大自己的市场份额。

② 产品改良策略。通过改进内河游船产品组合，增添新服务项目，提高销售量。

③ 营销组合调整策略。即企业通过调整营销组合中的某一因素或者多个因素，以刺激销售。

4. 衰退期的营销策略

当内河游船产品组合进入衰退期时，企业应积极研究内河游船产品在市场的真实地位，然后决定是继续经营下去，还是放弃经营。具体策略包含：

① 维持策略。即企业在目标市场、价格、销售渠道、促销等方面维持现状。

② 缩减策略。即企业仍然留在原来的目标上继续经营，但是根据市场变动的情况和行业退出障碍水平在规模上做出适当的收缩。

③ 撤退策略。即企业决定放弃经营某种商品而撤出目标市场。

（三）判断企业产品生命周期的方法

① 比率增长判断法，以销售增长率的变化率来判断产品处于产品生命周期所处阶段的方法。

② 曲线判断法，作出产品销售量和利润随时间变化的曲线，然后将该曲线与典型产品生命曲线相比较，可以判断这种产品处于产品生命周期所处阶段的方法。

③ 产品普及率分析法，根据产品在某一地区人口或家庭的平均普及率来判断该产品处于生命周期所处阶段的方法。普及率越高，产品的市场潜力越小，产品的生命周期越趋于衰退。

④ 销售增长率法，即以产品销售量的年增长率来划分产品的生命周期的各阶段。通过分析销售量增长率的变化情况，判断出产品处于生命周期所处阶段的方法。

⑤ 经验判断法，根据企业各层次有关人员的经验来判断和确定产品生命周期的一种方法。一般在缺乏历史资料的情况下，依靠有关人员的经验和对市场形势发展的直觉判断进行预测。

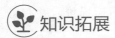 知识拓展

判断产品生命周期的方法——销售增长率法

即以产品销售量的年增长率来划分产品的生命周期的各阶段。

若以 Δy 表示销售量的增长量，以 Δx 表示时间上的增加量，则销售增长率为 $\eta = \Delta y / \Delta x$。由于产品所处生命周期的各个阶段与产品销售量的增长率关系十分密切，通过分析销售量增长率的变化情况，就可以判断出产品处于生命周期的哪个阶段。

产品生命周期 4 个阶段划分的一般标准如下：

① 若 $\eta < 10\%$，则产品处于投入期；

② 若 $\eta > 10\%$，则产品处于成长期；

③ 若 $0.1\% < \eta < 10\%$，则产品处于成熟期；

④ 若 $\eta < 0$，即销售量逐年下降，则产品处于衰退期。

知识检测

1. 单项选择题

（1）下列属于成熟期营销策略的是（　　）。

A. 产品改良　　　　B. 价格调整　　　C. 扩大销售渠道　　　　D. 广告促销

（2）内河游船旅游产品在刚刚进入市场时，可采用的营销策略主要是（　　）。

A. 满意定价策略　　　　　　　　B. 成本定价策略

C. 高价撇脂策略　　　　　　　　D. 尾数定价策略

2. 简答题

（1）简述内河游船产品生命周期的主要内容。

（2）简述高价撇脂策略的应用范围。

（3）简述判断内河游船产品生命周期的方法。

✵ 任务实施

1. 实训目标

根据产品生命周期的判断方法，来判断内河游船旅游产品的生命周期，并实施合适的营销策略。

2. 实训内容

以小组为单位，运用比率增长判断法或销售增长率法，分别判断长江三峡游轮系列、重庆黄金游轮系列旅游产品所处的生命周期，以及实施何种营销策略。

3. 实训步骤

（1）收集相关资料，进行 PPT 制作、展示；

（2）阐述、辩论相关营销策略。

4. 实训评价

学生自评表

序号	技能内容	评价标准	达标	未达标
1	准备工作	信息实时准确，PPT 科学合理		
2	讲解能力	语言流畅，逻辑严密		
3	效果	知识点理解准确，熟练运用		

教师评价表

序号	素养内容	评价标准	达标	未达标
1	协作意识	团队分工明确，沟通顺畅，共同完成实训任务		
2	职业道德	逻辑严谨，用语规范，表达准确		
3	职业能力	客观公正		
4	创新精神	提出具有可行性建议		

✵ 课后提升

案例：2022年版中国邮轮行业深度调研及市场前景分析报告

现代邮轮出现在 20 世纪 60 年代，现代邮轮设施豪华、节目丰富、吨位巨大，被称为"海上移动度假村"，是当今世界旅游休闲产业中不可或缺的重要一部分。

正在编制的《中国邮轮旅游发展总体规划》显示，中国海岸线上将形成"一线三点"邮轮母港基本格局，即北部以天津港为中心，以韩日和西伯利亚东海岸为主的航线；中部以上海港为代表，以韩日、台港澳为主的航线；南部以厦门、三亚为核心，以东南亚和两岸为主的航线。

2022 年版中国邮轮行业深度调研及市场前景分析报告对我国邮轮行业现状、发展变化、竞争格局等情况进行深入的调研分析，并对未来邮轮市场发展动向作了详尽阐述，还根据邮轮行业的发展轨迹对邮轮行业未来发展前景作了审慎的判断，为邮轮产业投资者寻找新的投资亮点。

思考题：如何看待中国邮轮行业市场竞争格局对邮轮旅游产品生命周期的影响？

任务5 了解内河游船网络营销管理

任务简介

1. 任务描述

熟知内河游船网络营销组合策略。

2. 任务要求

熟练运用"4P"营销组合策略。

3. 学习目标

（1）知识目标：会运用网络营销的基础理论、基本方法及网络营销基本策略。

（2）能力目标：能将网络营销方式运用到内河游船运营的各环节。

（3）素养目标：有分工协作意识及良好的表达能力、沟通能力与协调能力。通过对网络营销方式及相关政策与法规的学习，提升学生思想政治素养与文化素养。

知识储备

网络营销产生于 20 世纪 90 年代，亦称作网上营销或者电子营销，指的是以现代营销理论为基础，借助网络、通信和数字媒体技术等实现营销目标的商务活动。为用户创造价值是网络营销的核心思想，借助互联网工具是开展网络营销的基本手段。

（一）认知网络营销

1. 掌握网络营销的内涵

网络营销是基于互联网和社会关系网络连接企业、用户及公众，向用户与公众传递有价值的信息和服务，为实现顾客价值及企业营销目标所进行的规划、实施及运营管理活动。

基于其融合度，对网络营销的内涵分析如下：

① 网络营销不是孤立存在的。网络营销是企业整体营销战略的一个组成部分，网络营销活动不可能脱离一般营销环境而独立存在。

② 网络营销不等于网上销售。网络营销是为实现产品销售、提升品牌形象的目的而进行的活动，网上销售是网络营销发展到一定阶段产生的结果，网络营销的目的是进行产品或者品牌的深度曝光，因此网络营销本身并不等于网上销售。

③ 网络营销不等于电子商务。电子商务核心是电子化交易，强调的是交易方式和交易过程各个环节的电子化。

2. 了解内河游船网络营销方式

（1）网络广告营销

网络广告营销是旅游企业将推广内容制作成网络广告，并选择适当的网络媒体进行投放的网络营销方式。常见的网络广告形式有网幅广告、媒体广告、视频广告和文本链接广告等。与传统媒体广告和户外广告相比，网络广告的特点是传播范围广、互动性强、形式多样、内容丰富等。

（2）软文营销

软文是通过特定的概念诉求，以摆事实讲道理的方式使消费者走进企业设定的"思维圈"，利用强有力的针对性心理实现产品销售的文字（图片）模式。软文营销是将旅游产品的广告写成软文，让旅游者不经意间看到广告，进而引导其去搜索、购买旅游产品的网络营销方式。

（3）电子邮件营销

电子邮件营销是在旅游者事先许可的前提下，通过电子邮件的方式向目标旅游者传递有价值信息的网络营销方式。该方式的主要优点在于抗无效营销干扰，能增强与旅游者之间的联系，通过传递符合旅游者需求的信息来提高其品牌忠诚度。

（4）搜索引擎营销

搜索引擎营销是利用旅游者对搜索引擎的依赖和使用习惯，在旅游者检索信息时将推广信息传递给目标旅游者的网络营销方式。例如，在百度上搜索"酒店"，会出现携程、艺龙、去哪儿等企业的推广信息。

（5）SNS 营销

SNS（social network services）即社会性网络服务，专指旨在帮助人们建立社会性网络的互联网应用服务，如微信、微博、QQ、豆瓣网等。旅游企业可以在 SNS 平台上创建自己的官方账号，向目标旅游者发送旅游产品或服务的信息。

3. 了解内河游船网络营销基本职能

① 打造游船旅游品牌。网络营销的重要任务之一就是在互联网上建立并推广企业的品牌，以及让企业的线下品牌在网上得以延伸和拓展。

② 游轮公司网站推广。网站推广是网络营销最基本的职能之一，是网络营销的基础工作。

③ 游轮旅游信息发布。发布信息是网络营销的主要方法之一，也是网络营销的基本职能。

④ 促进销售。促进销售并不限于促进网上销售，事实上，网络营销在很多情况下对于促进线下销售十分有价值。

⑤ 网上销售。网上销售渠道建设也不限于网站本身，还包括建立在综合电子商务平台上的网上商店，以及与其他电子商务网站不同形式的合作等。

⑥ 在线顾客服务。互联网提供了方便的在线顾客服务手段，从形式最简单的FAQ（frequently asked questions）到邮件列表等各种即时信息服务。顾客服务质量对于网络营销效果具有重要影响。

⑦ 增进顾客关系。良好的顾客关系是网络营销取得成效的必要条件，通过网站的交互性、顾客参与等方式在开展顾客服务的同时，也增进了顾客关系。

⑧ 网上市场调研。网上调研不仅为制定网络营销策略提供支持，也是整个市场研究活动的辅助手段之一。

（二）熟知内河游船网络营销策略

1. 游船旅游产品或服务策略

（1）游船旅游产品形象策略

游船企业可充分利用网络的多媒体功能，对旅游产品进行有形化展示，使旅游者在网络上看到旅游产品的形象，认识旅游产品的价值，甚至可以通过虚拟旅游感受旅游产品的魅力，进而产生旅游动机，并最终转化为旅游消费行为。

（2）游船旅游产品定制化策略

通过网络信息沟通渠道，了解旅游者的偏好和需求，精准锁定目标旅游者，进行有的放矢的营销活动；提供菜单式自助服务，使旅游者可以根据自身需求，选择所需的产品或服务进行组合。

（3）游船旅游服务完善化策略

把握好三个环节，即售前环节（建立分类导航服务、"虚拟展厅"等，方便旅游者查询各类信息）、售中环节（简化预订流程，资料填写尽量采用选择方式录入，提升旅游者在使用过程中的舒适度）、售后环节（建立网络旅游者论坛、信息反馈平台等沟通渠道，重视反馈信息，及时处理意见和投诉）。

2. 游船旅游产品价格策略

（1）价格公示策略

利用网络的媒体功能和互动功能，将游船企业的产品及其组合的价格进行公示，以方便旅游者进行比价。基本做法是提供各种系列旅游产品的价格表及价格调整表，开辟旅游产品组合调整价格区。

（2）个性化定价策略

借助完善的数据库，当旅游者输入旅游目的地及愿意支付的机票、酒店客房、用餐、租车等的费用范围时，便能提供满足旅游者个性化需求的旅游产品并形成组合，最终让旅游者能以自己满意的价格出游。

（3）弹性化定价策略

建立网络会员制，根据会员过去的购买记录、购买习惯等，给予一定的折扣；开发网上议价系统，协商定价；建立价格调整系统，根据市场情况，适当调整价格；还可以提供优惠、折扣等，以吸引旅游者。

3. 游船旅游营销渠道策略

① 直接营销渠道，如游船企业自建网站或微信公众号，直接向旅游者提供信息和交易渠道；

② 间接营销渠道，游船企业选择一个电子中间商沟通买卖双方的信息，减少信息流通环节。

4. 游船旅游网络促销策略

（1）网站推广

通过广告、公共关系等手段向旅游者推广旅游网站，扩大其知名度，让更多的旅游者访问旅游网站，通过开展多种形式的旅游网站专属促销活动，如网上抽奖、赠品促销、积分促销等，提高网站访问量从而增强企业影响力。

（2）网络广告促销

网络广告促销是指通过信息服务商进行广告宣传，开展促销活动。其形式主要有直接发布各种规范的旅游企业与旅游产品信息，通过图、文、声、像等多种形式将其展现给旅游者；以知识性、信息性、趣味性的卡通片促销，突出旅游产品的优势和特色。

（3）网络公共关系

网络公共关系具有企业主动性增强，不受篇幅、时间和空间的限制，旅游者的权威性得到强化，传播的效能性大大提高等特点。主要形式表现为发布网络新闻、宣传企业网站、组织网络旅游爱好者沙龙或旅游俱乐部等。游船企业还要与新闻媒介、网络社区、公共论坛等保持良好关系，以增强网络公共关系的实施效果。

M5-5 内河
游船网络
营销

🌱 知识拓展

软文营销

软文营销，就是指通过特定的概念诉求，以摆事实讲道理的方式使消费者走进企业设定的"思维圈"，以强有力的针对性心理攻击迅速实现产品销售的文字模式和口头传播，比如新闻、第三方评论、访谈、采访、口碑。

软文是基于特定产品的概念诉求与问题分析，对消费者进行针对性心理引导的一种文字模式，从本质上来说，它是企业软性渗透的商业策略在广告形式上的实现，通常借助文字表述与舆论传播使消费者认同某种概念、观点和分析思路，从而达到企业品牌宣传、产品销售的目的。

软文主要有三种基本类型：新闻型软文、行业型软文、用户型软文。其中，新闻型软文则包括新闻通稿、新闻报道、媒体访谈；行业型软文包括权威论证、观点交流、人物访谈、实录；用户型软文包括综合型、促销型、争议型、经验型、知识型、故事型、悬念型、娱乐型、总结归纳型、爆料型、情感型等软文。

📋 知识检测

1. 单项选择题

（1）SNS 即社会性网络服务，主要包括（ ）。

A. 微信　　　　　B. 微博　　　　　C. 携程网　　　　　D. 抖音

（2）下列不属于网络广告营销的是（ ）。

A. 网幅广告　　　B. 媒体广告　　　C. 视频广告　　　D. 音频广告

2. 简答题

（1）简述网络营销和电子商务的异同点。

（2）简述 SNS 营销的优缺点。

✳️ 任务实施

1. 实训目标

为"长江三峡"系列游船撰写软文广告。

2. 实训内容

以小组为单位，结合软文广告的形式和写作技巧，撰写合适的营销广告。

3. 实训步骤

（1）人员分组及分工；

（2）制作"长江三峡"系列游船软文广告 PPT；

（3）人员讲解及展示。

4. 实训评价

学生自评表

序号	技能内容	评价标准	达标	未达标
1	准备工作	PPT 制作		
2	讲解能力	语言流畅、逻辑严密		
3	效果	消费者产生需求共鸣		

教师评价表

序号	素养内容	评价标准	达标	未达标
1	协作意识	团队分工明确，沟通顺畅，共同完成实训任务		
2	职业道德	能够严格遵守实训要求		
3	职业能力	操作严谨、规范		
4	创新意识	提出具有可行性建议		

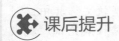 课后提升

案例：深圳电信的网络营销

深圳电信是中国电信系统内的优秀单位，其网上客服中心网站作为深圳电信业务服务平台，也具有行业领先性。为了进一步提升网站的用户满意度和网站使用率，深圳电信需要从第三方的客观角度、用户的角度找出影响用户使用网站的不方便因素，全面提升网站的用户满意度，增加网上渠道业务量。

深圳电信通过网站平台开展了大规模的"我为电信献良策"有奖调查活动，由于电信用户对网站有较高的忠诚度，活动每周都收到大量反馈意见，包括网站建设及运营的细节问题给用户带来的各种困扰。在对用户体验问题进行深度挖掘并给出解决方案的同时，针对深圳电信业务的网站特点总结了一份"网站易用性建设规范"，作为其长期参考的管理文件。这个案例也成为现在网络营销案例中一个很经典的效益型网络营销案例。

思考题：结合实际情况，如何选择网络营销方式？

项目六　内河游船资产管理

　　影响内河游船企业经营环境的各因素日趋复杂，市场竞争更加激烈，如何增强企业的竞争力，提高企业的经济效益，日益成为企业的关注焦点。加强资产及成本管理为企业生存与发展提供了强有力的保障，因此，转变资产及成本管理观念，拓宽管理范围，制定完善的资产及成本管理制度，设计科学的战略资产及成本管理体系并保证其有效运行，是游船企业实现可持续发展行之有效的途径。

任务1　认识内河游船资产管理

 任务简介

　　1. 任务描述

　　了解内河游船资产的主要分类及指标构成。

　　2. 任务要求

　　掌握内河游船资产的基本构成及分类。

　　3. 学习目标

　　（1）知识目标：会对内河游船资产项目进行快速归类。

　　（2）能力目标：能对内河游船资产进行出入库管理。

　　（3）素养目标：有协作意识及良好的表达能力、沟通能力与协调能力。通过学习资产结构及分类知识，融入《公司法》《会计法》等法律知识，提升学生遵纪守法意识。

 知识储备

　　资产是指由企业过去经营交易或各项事项形成的，由企业拥有或控制的，预期会给企业带来经济利益的资源。它具备以下特征：

　　第一，资产是一项由过去的交易或者事项形成的资源。资产必须是现实的资产，而不能是预期的资产。这里所指的企业过去的交易或者事项包括购买、生产、建造行为或其他交易或者事项。

　　第二，资产必须由企业拥有或控制。企业享有某项资产的所有权，或者虽然不享有某项资产的所有权，但该资源能被企业所控制。

　　第三，资产预期会给企业带来经济利益。这是指直接或间接导致现金和现金等价物流入企业的潜力，资产必须具有交换价值和使用价值，没有交换价值和使用价值、不能给企业带来未来经济利益的资源不能被确认为企业的资产。

M6-1 内河
游船资产
管理概述

（一）了解内河游船资产管理

1.认识内河游船资产管理

内河游船作为游船旅游企业拥有或控制的，并在将来预期会给企业带来重大经济利益的核心资产，其资产管理类型应属于企业固定资产管理范畴，因此，内河游船资产管理是指对内河游船重要资产项目的计划、购置、验收、登记、领用、使用、维修、报废等全过程的管理。

根据我国《企业会计制度》规定，资产是指企业为生产产品、提供劳务、出租或者经营管理而持有的、使用时间超过 12 个月的、价值达到一定标准的非货币性资产，包括房屋、建筑物、机器、机械、运输工具以及其他与生产经营活动有关的设备、器具、工具等。

从会计的角度划分，一般被分为生产用固定资产、非生产用固定资产、租出固定资产、未使用固定资产、不需用固定资产、融资租赁固定资产、接受捐赠固定资产等。由于游船在游船旅游企业资产总额中占有极大的比例，属于企业重资产，因此，确保企业资产安全、完整，意义重大。

2.理解内河游船资产管理的要求

① 保护游船资产的完整无缺；
② 保持游船资产的完好程度并提高利用效果；
③ 正确核定固定资产需用量；
④ 正确计算固定资产折旧额，有计划地计提固定资产折旧；
⑤ 要进行固定资产投资的预测。

（二）掌握内河游船资产的管理分类

1.固定资产

内河游船固定资产指使用期限超过一年的船舶及附着设施设备，主要有：
① 船体及设施；
② 机器设备：包括供电、供热系统设备，电子计算机系统设备，中央空调，通信、洗涤、维修设备，厨房用具，电梯等；
③ 家具用具设备：包括营业用和办公用家具用具；
④ 电器及影视设备：包括闭路电视播放设备、音响设备、电视机、电冰箱等；
⑤ 文体娱乐设备：包括高级乐器、游乐场设备、健身房设备、游泳馆设备等；
⑥ 其他设备：除以上各种设备外的各种设施，如工艺设备、消防设备等。

另外，凡单位价值在 1000 元以上、使用年限在一年以上的属于企业主要经营设备的机器设备、器具、工具等资产应作为固定资产，对于不属于公司主要经营设备的物品，只要其单位价值在 1000 元以上，并且使用年限在 2 年以上的，也应作为固定资产进行管理。

2.低值易耗品

凡不属于不动产、固定资产的各种用具物品，如工具、管理用具、玻璃器皿，以及在经营过程中用于周转的包装容器等均列为低值易耗品。

（三）了解内河游船资产管理的主要内容

① 日常管理。具体包括资产卡片管理、资产录入、资产转移、资产维修、资产借用、资产启用、资产停用、资产退出等工作内容。

② 资产盘点。具体包括盘点单查询、盘点单录入、盘盈盘亏明细表、盘点汇总等工作内容。

③ 折旧管理。主要工作有计提折旧、折旧月报、折旧年报、资产减值准备、资产价值重估、累计折旧明细等。

④ 报表管理。主要工作有分类明细统计报表、部门明细统计报表、新增资产统计报表、退出资产统计报表等。

⑤ 系统管理。主要工作有操作员权限管理、部门人员信息维护、资产分类编码、资产属性信息管理等。

（四）熟知内河游船资产管理的职责

1. 部门职责

（1）总经理为资产总责任人

由总经理指定各部门主要负责人为该部门资产责任人，部门资产责任人对部门所辖范围内的资产负责，并委托专人（部门资产管理员）进行部门内各项资产的账卡管理和盘点工作。

各部资产责任人和资产管理员必须全面掌握所在部门固定资产的分布及使用情况。

（2）部门资产责任人

根据部门资产的使用情况，建立部门内部的资产管理程序和资产管理制度，并设立基层管理组织，共同做好资产管理工作。

（3）部门资产管理员

在部门资产责任人的直接领导下，主要从事如下工作：

① 管理部门的各种账、卡，保证卡实相符；

② 参与资产的清查盘点工作；

③ 添置资产时在采购单上签注意见；

④ 资产的内部转移，先填写"内部调拨单"，经部门负责人签批后，报财务部进行账务调整及卡片调整；

⑤ 固定资产的清理报废，由资产管理员填制"固定资产报废清理单"经由技术人员鉴定，报财务经理、总经理批准后方能进行报废处理，并注销该卡片；

⑥ 严格执行资产管理试行办法，若因工作不落实，管理不善，导致各分部门使用的资产出现人为损坏、流失、账物不符等情况，将追究各分部门资产责任人和资产管理员的责任；

⑦ 资产管理员如有变动，应事先办理书面的移交手续，并得到财务部门的认可后，方可办理调动或离职手续（包括部门内部工种变换）。

2. 日常管理及职责

① 按资产的类别、名称、型号、编号、数量、单价、金额、状态等明细进行建账、核算；

② 各部门资产管理员负责"资产管理台账"的建立、登记及日常管理，并负责落实资产标签的张贴，资产标签中的使用人必须由使用部门或者使用人进行签字确认；

③ 资产管理责任部门负责本部门资产的使用、保管、维护；

④ 互相监督，以确保账账相符、账物相符；

⑤ 接受捐赠的资产，及时到综合管理部办理入库手续，并登记造册纳入"资产管理台账"，财务部门根据"验收入库单"登记资产明细账，纳入公司资产进行管理；

⑥ 跨部门资产异动，财务、经管部门应分别办理相应的资产异动手续申请，按照资产管理中"资产调拨单"相关流程办理，审批后报综合管理部备案；

⑦ 资产在同一部门范围内异动时，应到部门资产管理员处办理资产交接手续，部门资产管理人员应及时调整"资产管理台账"，按照"资产调拨单"相关流程办理；

⑧ 各部门多余的资产，应及时办理退库手续。退库时，部门资产管理员应对退库资产进行验收入库，办理资产调整手续。

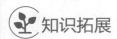 知识拓展

资产结构解析

资产结构，是指各种资产占企业总资产的比重。

（一）主要分类

按不同的标志，一般可以分为以下几种主要结构形式：

① 按资产的价值转移方式划分为流动资产和固定资产；

② 按资产的占用形态划分为有形资产和无形资产；

③ 按资产的占用期限划分为短期资产和长期资产；

④ 按资产的用途结构划分为货币资产、结算资产、非商品材料资产、商品材料资产、固定资产、无形资产及递延资产；

⑤ 按资产的资本形态结构划分为货币资本、商品资本和生产资本；

⑥ 按资产的数量习性划分为临时波动的资产和永久固定的资产。

（二）资产结构对企业经营的影响

1. 风险影响

对于企业整个经济活动，可以将其划分为单纯的生产经营活动和理财活动两个方面。企业面临的风险分为经营风险和财务风险，由于企业的资产结构不同，企业所承受的风险也不相同，企业应寻求一种既能满足生产经营对不同资产的需求，又能使经营风险最小的资产结构。

2. 收益影响

不同的资产对企业收益也有不同的影响。资产按与企业收益的关系大致可以划分为三类：一是直接形成企业收益的资产；二是对企业一定时期收益不产生影响的资产；三是扣抵企业一定时期收益的资产。从实际的收益计算看，在总资产一定的条件下，应尽可能地增加直接形成企业收益资产的比重，减少其他两类资产的比重。

3. 流动性影响

资产的流动性是指资产的变现速度。资产流动性大小与资产的风险大小和收益

高低是相联系的。总的来看，流动性大的资产，其风险相对小，收益相对高；反之，流动性小的资产，其风险相对较大，收益相对较低。

知识检测

1. 多项选择题

（1）内河游船低值易耗品包括（　　　）。

A. 生产工具　　　　　　B. 管理用品　　　　　　C. 电脑　　　　　D. 洗衣设备

（2）内河游船金融资产包括（　　　）。

A. 银行存款　　　　　　B. 企业债券　　　　　C. 外币存款　　　D. 短期借款

2. 简答题

（1）简述内河游船资产管理的要求。

（2）简述游船总经理的资产管理职责。

（3）根据游船各职能部门的岗位职责，请简要概述资产管理员的工作职责。

任务实施

1. 实训目标

对内河游船资产进行结构分类。

2. 实训内容

以小组为单位，对内河游船资产及核算范畴进行归类。

3. 实训步骤

（1）人员分组及分工；

（2）制作结构图或资产结构 PPT；

（3）人员讲解及情景展示。

4. 实训评价

学生自评表

序号	技能内容	评价标准	达标	未达标
1	准备工作	PPT 制作		
2	讲解能力	语言流畅、逻辑严密		
3	效果	思路清晰，内容简明扼要		

教师评价表

序号	素养内容	评价标准	达标	未达标
1	协作意识	团队分工明确，沟通顺畅，共同完成实训任务		
2	职业道德	能够严格遵守实训要求		
3	职业能力	操作严谨、规范		
4	创新意识	提出具有可行性建议		

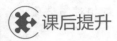

案例：海河游船2019年财务状况报告（节选）

1. 资产构成基本情况

海河游船 2019 年资产总额为 11784.8 万元，其中流动资产为 7775.59 万元，主要分布在其他流动资产、货币资金、其他应收款，分别占企业流动资产合计的 77.81%、20.32% 和 1.47%。非流动资产为 4009.21 万元，主要分布在固定资产和其他非流动资产，分别占企业非流动资产的 83.58%、16.41%，如表 6-1 所示。

表6-1 资产构成表

项目名称	2019 年		2018 年		2017 年	
	数值 / 万元	百分比 /%	数值 / 万元	百分比 /%	数值 / 万元	百分比 /%
总资产	11784.8	100.00	11080.21	100.00	10745.89	100.00
流动资产	7775.59	65.98	7308.31	65.96	6561.88	61.06
长期投资	0	0.00	0	0.00	0	0.00
固定资产	3351.03	28.44	3765.73	33.99	4134.12	38.47
其他	658.18	5.58	6.17	0.06	49.88	0.46

2. 流动资产构成特点

企业持有的货币性资产数额较大，约占流动资产的 20.32%，表明企业的支付能力和应变能力较强，但应当关注货币性资产的投向。表 6-2 为企业流动资产构成表。

表6-2 流动资产构成表

项目名称	2019 年		2018 年		2017 年	
	数值 / 万元	百分比 /%	数值 / 万元	百分比 /%	数值 / 万元	百分比 /%
流动资产	7775.59	100.00	7308.31	100.00	6561.88	100.00
存货	6.16	0.08	7.96	0.11	10.33	0.16
应收账款	24.89	0.32	33.24	0.45	37.04	0.56
其他应收款	114.02	1.47	0.09	0.00	0.09	0.00
交易性金融资产	0	0.00	0	0.00	0	0.00
应收票据	0	0	36.6	0.50	30	0.46
货币资金	1580.04	20.32	3355.16	45.91	6440.85	98.16
其他	6050.48	77.81	3875.25	53.03	43.57	0.66

3. 资产的增减变化

2019 年总资产为 11784.8 万元，与 2018 年的 11080.21 万元相比有所增长，增长 6.36%。

4. 资产的增减变化原因

表 6-3 所示项目的变动使资产总额增加：其他流动资产增加 2175.23 万元，其他非流动资产增加 522.63 万元，长期待摊费用增加 129.2 万元，其他应收款增加 113.93 万元，预付款项增加 10.36 万元，无形资产增加 0.26 万元，共计增加

2，941.25 万元；以下项目的变动使资产总额减少：递延所得税资产减少 0.09 万元，存货减少 1.81 万元，应收账款减少 8.35 万元，应收票据减少 36.6 万元，固定资产减少 414.7 万元，货币资金减少 1，775.13 万元，共计减少 2，236.67 万元。增加项与减少项相抵，使资产总额增长 704.58 万元。

表6-3　主要资产项目变动情况表

项目名称	2019 年		2018 年		2017 年	
	数值 / 万元	增长率 /%	数值 / 万元	增长率 /%	数值 / 万元	增长率 /%
流动资产	7775.59	6.39	7308.31	11.38	6561.88	0
长期投资	0	0	0	0	0	0
固定资产	3351.03	−11.01	3765.73	−8.91	4134.12	0
存货	6.16	−22.61	7.96	−22.92	10.33	0
应收账款	24.89	−25.12	33.24	−10.26	37.04	0
货币性资产	1580.04	−53.42	3391.76	−47.58	6470.85	0

思考题：从海河游船 2019 年财务状况报告（节选）资料中，解读该公司的资产构成项目。

任务2　内河游船的成本控制与核算

 ## 任务简介

1. 任务描述

了解内河游船成本控制的基础理论；掌握内河游船成本控制方法以及控制流程。

2. 任务要求

熟练运用成本控制方法，熟悉控制流程等业务内容。

3. 学习目标

（1）知识目标：理解成本控制理论，掌握成本控制方法及主要流程。

（2）能力目标：能将成本控制方法和流程熟练运用到内河游船资产管理的相关过程中。

（3）素养目标：有协作意识及良好的表达能力、沟通能力与协调能力。通过对成本核算构成，《公司法》《会计法》等法律知识的学习，提升学生法律素养。

 ## 知识储备

影响游船企业经营环境的因素日益复杂，市场竞争日趋激烈，如何增强企业的竞争力，提高企业的经济效益，这是企业最关注的问题。加强成本管理、转变传统成本管理观念，拓宽企业成本管理范围，制订完善的成本管理制度，是企业实现科学健康可持续发展的必要途径。

（一）了解成本控制

成本控制的目的就是防止资源的浪费，使成本降到尽可能低的水平，并保持已降低的成本水平。

1. 成本控制的含义

成本控制就是指以成本作为控制的对象，通过制定成本总水平指标值、可比产品成本降低率等指标，达到对经济活动实施有效控制的目的的一系列管理活动与过程。具体包括：

① 监督成本执行情况及时发现实际成本与计划的偏离；

② 将某些合理改变包括在基准成本中；

③ 防止不正确、不合理、未经许可的改变包括在基准成本中；

④ 把合理改变通知项目涉及方。

在成本控制时，还必须和其范围控制、进度控制、质量控制等相结合。

2. 认知成本控制的条件

（1）制定定额

定额管理是成本控制基础工作的核心。建立定额领料制度，控制材料成本、燃料动力成本，建立人工包干制度，控制工时成本，以及控制制造费用，都要依赖定额制度，没有很好的定额，就无法控制生产成本。同时，定额也是成本预测、决策、核算、分析、分配的主要依据，是成本控制工作的重中之重。

（2）标准化

在成本控制过程中，下面四项标准化工作极为重要。

① 计量标准化。计量是指用科学方法和手段，对生产经营活动中的量和质的数值进行测定，为生产经营尤其是成本控制提供准确数据。

② 价格标准化。成本控制过程中要制定两个标准价格：一是内部价格，即内部结算价格，它是企业内部各核算单位之间，各核算单位与企业之间模拟市场进行"商品交换"的价值尺度；二是外部价格，即在企业购销活动中与外部企业产生供应与销售的结算价格。

③ 质量标准化。成本控制是质量控制下的成本控制，没有质量标准，成本控制就会失去方向，也谈不上成本控制。

④ 数据标准化。制定成本数据的采集流程，明晰成本数据报送人和入账人的责任，做到成本数据按时报送，及时入账，便于数据传输，实现信息共享；规范成本核算方式，明确成本的计算方法，成本的书面文件采用国家公文格式，统一表头，形成统一的成本计算图表格式，做到成本核算结果准确无误。

（3）制度建设

在市场经济中，企业运行的基本保证，一是制度，二是文化。制度建设是根本，文化建设是补充。没有制度建设，就不能固化成本控制运行，就不能保证成本控制质量。成本控制中最重要的制度是定额管理制度、预算管理制度、费用申报制度等。

（二）认知成本控制的原则

1. 坚持标准，明确责任

为了有效地实现成本控制目标，要围绕目标成本，逐级落实经济责任，建立目标责任制、质量目标责任制、技术目标责任制，物资供应目标责任制、销售目标责任制、成本目标责任制、财务成果目标责任制等。

2. 重点控制例外事项

成本控制要求企业对生产经营过程的全过程进行控制，但又要有重点地进行。成本管理人员要把注意力集中在那些不正常、不符合常规的关键性差异上，追根求源、查明原因，并及时反馈给有关责任中心。

3. 注意搞好两结合

① 日常控制和定期控制相结合。日常控制的特点是具有及时性和针对性，时效性强。定期控制的特点是具有全面性和系统性，综合性强。日常控制是定期控制的基础，定期控制是日常控制的深化。

② 单项控制和综合控制相结合。要实现成本目标，必须对每个成本项目进行控制，单项成本目标都实现了，整个企业成本目标的实现就有了保证。同时，还要全面研究各种因素对成本水平的影响，实施综合控制。

（三）了解成本的构成

① 直接材料。直接材料包括生产经营过程中实际消耗的直接用于产品的生产，构成产品实体的原材料、辅助材料、备品备件、外购半成品、燃料、动力、包装物以及其他直接材料。

② 直接工资。直接工资包括直接从事产品生产人员的工资、奖金、津贴和补贴。

③ 其他直接支出。其他直接支出包括直接从事产品生产人员的职工福利费等。

④ 制造费用。游轮企业可以根据自身需要，对成本构成项目进行适当调整。

（四）了解成本控制的方法

成本控制方法是指完成成本控制任务和达到成本控制目的的手段。成本控制的主要方法包括作业成本法、绝对成本控制法、相对成本控制法、全面成本控制法、ERP 成本控制法等。

1. 作业成本法

作业成本法是指按照活动性质划分经营活动，将类似的经营活动组合构成经营中心，根据活动的资源消耗，将资源分配给每个活动的成本控制方法。

2. 绝对成本控制法

绝对成本控制法是指将成本损耗控制在一个绝对的金额范围中的一种成本控制方法，依据金额范围进行成本控制，从而大大降低成本损耗。

3. 相对成本控制法

相对成本控制法是从商品产量、成本和收入三者的平衡关系着手控制销售成本和相对利润成本率，以确定游船企业在多大的产品销量下可以实现销售收入和利润成本的平衡，从而达到最大利润收益率的成本控制方法。

4. 全面成本控制法

全面成本控制法是对企业生产经营所有过程中发生的全部成本、成本形成中的全过程、企业内所有员工参与的成本控制方法。

5.ERP 成本控制法

ERP 成本控制法是指基于企业管理学和会计学的基本原理，运用 ERP 软件对企业生产成本状况进行长期预测、计划、决策、控制、分析和绩效考核的成本控制方法。

（五）了解成本控制的步骤

因成本控制对象不同，其要求也不一样，大致可分为四个步骤：

① 确定控制标准，即确定评定工作绩效的尺度。管理者应以计划为基础，制定出控制工作所需要的标准。

② 衡量工作成效，即通过管理信息系统采集实际工作的数据（与已制定的控制标准中所对应的要素），准确、及时、可靠地了解和掌握工作的实际情况。

③ 分析衡量的结果，即将实际工作结果与标准进行对照，找出偏差并分析其发生的原因，为进一步采取管理行动作好准备。

④ 采取管理行动，纠正偏差。

M6-2 内河游船的成本控制与核算

（六）了解内河游船成本的大致核算体系

1.设置账户

"主营业务成本"账户：用于核算企业因销售商品、提供劳务或让渡资产使用权等日常活动而发生的实际成本。"主营业务成本"账户下应按照主营业务的种类设置明细账，进行明细核算。期末，应将本账户的余额转入"本年利润"账户，结转后本账户应无余额。

"其他业务支出"账户：用于核算企业除主营业务成本以外的其他销售或其他业务所发生的支出，包括销售材料、提供劳务等而发生的相关成本、费用，以及相关税金及附加等。"其他业务支出"账户下，应按其他业务的种类，如材料销售、代购代销、包装物出租等设置明细账，进行明细核算。期末，应将本账户的余额转入"本年利润"账户，结转后本账户应无余额。

2.结转成本会计分录

借：本年利润
　　贷：主营业务成本
　　　　其他业务支出

知识拓展

船舶固定费用

船舶固定费用是指为保持船舶适航状态所发生的费用。船舶固定费用分设以下明细项目，归集有关营运支出：

① 工资，指在航船员的各类工资、津补贴、奖金、航行津贴等按有关规定由成本列支的工资性费用；

② 职工福利费，指按在航船员工资总额和规定的比率提取的职工福利费；

③ 润料，指船舶耗用的各种润滑油剂；

④ 物料，指船舶在运输生产中耗用的各种物料、低值易耗品；

⑤ 船舶折旧费，指按确定的折旧方法按月计提的折旧费用；

⑥ 船舶修理费，指已完工的船舶实际修理费支出、日常维护保养耗用的修理料、备品配件等；

⑦ 保险费，指向保险公司投保的各种船舶险、运输船员的人身险以及意外伤残险的保险费用；

⑧ 税金，指按规定交纳的车船税；

⑨ 船舶非营运期费用，指船舶在非营运期（如厂修、停航、自修、事故停航等）内发生燃料费、港口费等有关支出；

⑩ 船舶共同费用，指企业所有运输船舶共同受益，但不能分船直接负担，需经过分配由各船负担的费用，具体包括：

a. 替补公休船员、后备船员、培训船员等船员的工资和按规定比例提取的职工福利费；

b. 按全部船员工资总额和规定比例提取的职工教育经费、养老保险基金、工会经费、失业保险基金；

c. 船员服装费；

d. 船员差旅费；

e. 文体宣传费；

f. 单证资料费（船舶营运中应用的客运票据、货运提单、仓单、海图及航海图书、技术业务资料及各项船用单证等的购置、印刷、寄递等费用）；

g. 电信费（船舶与管理部门通过电台、卫星、高频电话等通信联络而发生的通信费用）；

h. 研究试验费、专有技术使用费（引进不属于无形资产性质的船舶专有技术所支付的使用费或转让费）；

i. 营运间接费用，是指企业营运过程中所发生的不能直接计入运输成本计算对象的各种间接费用。包括运输生产管理人员工资、职工福利费、折旧费、租赁费（不包括融资租赁费）、修理费、物料消耗、低值易耗品、取暖费、水电费、办公费、差旅费、运输费、保险费、设计费、试验检查费、劳动保护费以及其他营运间接费用；

j. 其他船舶共同费用（船员体检费、签证费、考证费、国外医疗费、特殊船员疗养休养费，以及船舶技术改进和合理化建议奖、油料化验费、护航武器弹药等）；

k. 其他船舶固定费用，是指不属于以上各项的其他船舶固定费用。如船舶证书费、船舶检验费、船员劳动保护费等。

知识检测

1. 多项选择题

（1）内河游船成本控制的原则不包括（　　）。

A. 全面介入的原则　　　　　　B. 例外管理的原则

C. 经济效益的原则　　　　　　D. 社会效益的原则

（2）成本控制的有效方法包含（　　）。

A. 作业成本法　　　　　　　　B. 全系统成本控制

C. 绝对成本控制法　　　　　　　D. 相对成本控制法

2. 简答题

（1）简述成本控制标准化的内涵。

（2）简述成本控制的基本方法。

（3）简述船舶共同费用项目构成。

任务实施

1. 实训目标

为"长江三峡"系列游船客房制订成本控制方案。

2. 实训内容

以小组为单位，结合内河游船成本结构，制订出客房成本控制方案。

3. 实训步骤

（1）人员分组及分工；

（2）制作"长江三峡"系列游船客房成本控制方案 PPT；

（3）人员讲解及展示。

4. 实训评价

学生自评表

序号	技能内容	评价标准	达标	未达标
1	准备工作	PPT 制作		
2	讲解能力	语言流畅、逻辑严密		
3	效果	指标科学合理，操作性强		

教师评价表

序号	素养内容	评价标准	达标	未达标
1	协作意识	团队分工明确，沟通顺畅，共同完成实训任务		
2	职业道德	能够严格遵守实训要求		
3	职业能力	操作严谨、规范		
4	创新意识	提出具有可行性建议		

课后提升

案例：浦江物流公司海运分公司船舶运输总成本基本构成

浦江物流公司海运分公司 7 月份永昌轮实际完成的运输周转量为 75000 千吨海里，永兴轮实际完成的运输周转量为 69000 千吨海里。据该公司的"主营业务成本 - 运输支出"明细账的资料编制的"船舶运输成本计算表"如表 6-4 所示。

表6-4 船舶运输成本计算表

项目	本年预算数	本月实际数			本年累计数		
		合计	永昌轮	永兴轮	合计	永昌轮	永兴轮
一、船舶航行费用/元	（略）	2123500	1093000	1030500			
1.燃料费		1371600	705600	666000			
2.港口费		261400	134500	126900			
3.货物费		186300	95800	90500			
4.中转费		81400	42200	39200			
5.垫隔材料费		17150	8820	8330			
6.速遣费		20400	10500	9900			
7.事故损失		10320	5500	4820			
8.船舶航行其他费用		174930	90080	84850			
二、船舶固定费用/元		2194470	1130120	1064350			
1.工资		292500	150000	142500			
2.职工福利费		40950	21000	19950			
3.润料费		123950	64100	59850			
4.船舶材料费		100020	51740	48280			
5.船舶折旧费		800460	411800	388660			
6.船舶修理费		159940	82180	77760			
7.船舶保险费		314700	161720	152980			
8.车船税		2625	1400	1225			
9.船舶非营运期间费用		153045	79170	73875			
10.船舶共同费用		138240	72000	66240			
11.其他船舶固定费用		68040	35010	33030			
12.船舶租赁费							
三、集装箱固定费用/元		790030	412880	377150			
四、船舶费用合计/元		5108000	2636000	2472000			
五、营运间接费用/元		485260	250420	234840			
六、运输总成本/元		5593260	2886420	2706840			
七、运输周转量/千吨海里		144000	75000	69000			
八、运输单位成本/（元/千吨海里）		38.84	38.49	39.23			

思考题：船舶运营费用的核算由哪些项目构成？

项目七　内河游船安全与生态管理

　　内河游船的安全与生态管理事关游船产业的生存与发展，关系到游客和游船员工，甚至内河沿岸民众的生命财产安全，因此，内河游船管理必须把安全与生态管理放在首要位置。尽管如此，内河航道上依然时有游船安全事故和生态破坏现象，如2015年6月1日的"东方之星"沉船事件，鲜活的案例警示我们：由于安全和生态管理需要主观和客观因素共同作用，因此，内河游船的安全事故与生态破坏现象需要在建立完善管理体制的客观前提下，加强对参与人员的主观引导和约束，以尽量减少此类事故和现象的发生。本项目主要从内河游船承载量、注意事项、应急管理和生态管理四个方面开展任务，从主观和客观两方面增强内河游船安全和生态管理。

任务1　认知内河游船承载量

任务简介

1. 任务描述

认知内河游船承载量。

2. 任务要求

通过收集一艘内河游船船体的各种数据信息，对该游船的承载量进行基本判断。

3. 学习目标

（1）知识目标：熟知内河游船承载量定义，了解游船承载量与船体的关系。

（2）能力目标：能根据内河游船船体的各种数据指标，对内河游船的承载量进行基本判断。

（3）素养目标：培养认真负责、精益求精的工作态度和团队协作能力。培养工匠精神，树立以人为本的管理观念。

知识储备

　　游船的承载量是指游船自身能承载的最大重量，这个承载量的前提是能够保证游船的安全航行，其中包括设备物品的承载量以及客运量两大内容。而设备物品的承载量是既定的，那么通常所说的游船承载量即指游船的最大客运量，这是根据游船不同的船体来决定的。

　　内河游船的船体规格可以用尺寸、吨位、游船容量、空间比率和船龄等具体指标来体现。

（一）内河游船尺寸

游船的尺寸可以用游船长度、宽度、水面高度和吃水深度等数据进行初步衡量。如图 7-1 所示为三峡"总统七号"豪华游船。

① 游船长度，指船首至船尾的最大水平距离。

② 游船宽度，指游船的总体型宽，通常是船体最宽处的尺寸。

③ 水面高度，指游船顶部最高处至船体与水面相连处的垂直距离。

④ 吃水深度，指游船最底部至船体与水面相连处的垂直距离。吃水深度取决于游船所载物品的重量以及游船所处水域的密度，用来衡量游船在水中所受的浮力。游船的吃水深度越大，表明船体载重量越大，相应的游客承载量也越大。

图7-1 三峡"总统七号"豪华游船

（二）内河游船吨位

游船吨位种类复杂，总体来说包括重量吨位和容积吨位。

① 重量吨位。重量吨位分为排水量吨位和载重量吨位。排水量吨位，是指游船在水中所排开的水的重量（以吨计），也是游船自身的重量。在造船时，可以依据排水量吨位来计算船体重量。载重量吨位，是指游船在营运中能够使用的载重能力，即船体的最大载重量。

② 容积吨位。容积吨位是船体容积的单位，也称为注册吨位，容积吨位本身不是重量的单位，而是按照每吨位 100 立方英尺（约 2.83 立方米）计算。常见的容积吨位衡量指标有总吨位、净吨位和注册总吨位三种类型。

a. 总吨位，指船体内以及甲板上所有围蔽空间的容积总和。

b. 净吨位，指总吨位减去为船员居住区、燃料舱、机舱、驾驶台、物料房等所保留空间的容积总和，对于游船来讲，一般指容客吨位。

c. 注册总吨位，指游船登记证书所记载的容积，是游船最常用的衡量指标，也是业界划分游船大小的重要依据。按照游船的注册总吨位，游船分为微型、小型、中型、大型、超大型五种类型，如表 7-1 所示。

表7-1　按照注册总吨位（GRT）划分游船

游船类型	游船注册总吨位（GRT）/吨
微型游船	≤ 10000
小型游船	10000 ～ 20000
中型游船	20000 ～ 50000
大型游船	50000 ～ 70000
超大型游船	>70000

（三）游船容量和空间比率

1.容量

通常来讲，游船容量是从游船的载客数量（PAX）和客舱数量的角度进行描述的。

① 载客数量。游船载客数量是指游船所能容纳的游客总人数，不包括游船工作人员。按照游船的载客数量，可以将其划分为大型游船、中型游船和小型游船三种类型。如表 7-2 所示。

表7-2　按照载客数量（PAX）划分游船

游船类型	游船载客数量（PAX）/人
小型游船	<1000
中型游船	1000 ～ 2000
大型游船	>2000

② 客舱数量。除载客数量以外，业界还会根据游船所拥有的客舱数量或床位数量来衡量接待能力的大小。但游船客舱数量的多少与游船的豪华程度及接待服务水平的高低并不一定成正比。如图 7-2 所示为三峡"总统七号"豪华游船客舱。

图7-2　三峡"总统七号"豪华游船客舱

2. 空间比率

游船的空间比率等于游船的注册总吨数与游船的载客数量之比，是指游船上人均拥有的自由伸展空间。游船的空间比率越高，游客的人均空间就越宽敞。因此，空间比率是衡量游船舒适与否的一个重要指标，也是真正体现游船价值的标尺。目前，多数游船的空间比率在 25～40 之间，最低值为 8，最高值为 70。但空间比率也并非衡量游船舒适度的唯一标准，一些空间比率较小的游船也可通过灯光、玻璃、观景窗户等因素的设计来提高游客的舒适感。

（四）游船船龄

① 新船和旧船。业界最早把 1970 年作为新船、旧船的时间界限。现在规定船龄在 3 年（含 3 年）以内的船舶视为新船，船龄在 3 年以上的船舶视为旧船。

② 船龄。船龄是指游船自建造完毕起计算的使用年限，在某种程度上反映游船的现状，直接影响游船的承载量。根据交通运输部关于修改《老旧运输船舶管理规定》的决定（2021），国内运营的游船的船龄最长应不超过 30 年。按照文件规定，船舶类型一共分为五大类，一类船舶主要是高速客船，最高船龄是 25 年；二类船舶包括客滚船、客货船、客渡船、客货渡船（包括旅客列车轮渡）、旅游船、客船，最高船龄是 30 年；三类船舶包括油船、沥青船、散装化学品船和液化气船，最高船龄为 31 年；四类船舶包括散货船、矿砂船，最高船龄为 33 年；五类船舶包括货滚船、散装水泥船、冷藏船、杂货船、多用途船、集装箱船、木材船、拖轮、驳船等，最高船龄为 34 年。如图 7-3 所示为"黄金 1 号"游船。

图7-3 "黄金1号"游船

 知识拓展

游船乘客舱室及公共区域的空间标准

1. 乘客舱室的净空高度

① 自乘客舱室的底板上表面垂直量至天花板下表面（如无天花板则量至甲板横梁或顶棚下表面）的乘客舱室净空高度应不小于表 7-3 的规定。

表7-3　游船舱室净空高度标准

客船类别	舱室净空高/米
旅游船、客滚船	2.1
游览船、客渡船、车客渡船和普通客船	1.9

② 专在小河支流上航行的客船，若通过桥孔有困难时，其净空高度可以降低，但不应小于1.8米。

2. 床铺

① 卧席舱室的卧铺，量自床架内边缘的尺寸应不小于下列规定：软卧卧铺1.9米×0.8米，硬卧卧铺1.9米×0.7米。下层卧铺铺面至上层卧铺下表面，或上层卧铺铺面至甲板横梁下缘或天花板的垂直距离应不小于0.85米。下层卧铺距甲板的高度视具体情况而定，但应确保便于乘客使用下层卧铺。

② 床铺可沿船舶横向或纵向设置。硬席卧铺的固定床铺可以并排排列，但两床间须用高度不小于0.3米的隔板隔开。

③ 双层铺不应上下错开设置。双层及以上的床铺，应有为上层铺乘客上下方便而设置的踏脚或直梯。

④ 应在上铺床边设有防止人从床上滑跌落地的设施。

3. 座椅

① 每一乘客所占固定软座座椅椅面的尺寸一般应不小于0.50米×0.48米，硬座椅面的尺寸一般应不小于0.45米×0.45米。座椅椅背高出椅面的高度，对座椅同向排列者，应不小于0.45米；对座椅对向排列者，应不小于0.8米。

② 座椅之间有桌面时，椅与桌面之间隔的距离（椅坐面前缘与桌面边缘之间的距离），对双人及三人座椅应不小于0.2米，对四人座椅应不小于0.25米。

4. 坐凳

单人坐凳的凳面面积应大于等于0.45平方米，长坐凳的宽度一般应大于等于1.14米。坐凳应采用同向排列布置，凳与凳之间的距离应不小于0.4米。

5. 通道、出入口

如乘客舱室出入口仅通向乘客舱室之间的内部纵向或横向通道，则该纵向或横向通道应直接通向甲板开敞处所，或经由横向或纵向通道通向甲板开敞处所。乘客舱室之间的内部通道尺寸应按使用该通道的所有乘客定额之和且不小于表7-4的要求选取。通道的出入口应相互远离并均衡布置，通道通向开敞甲板出入口的门应向外开启。乘客所处的通道、出入口等处不得堆放杂物、大件行李和货物等物品，以保持其通畅。

表7-4　游船通道设置标准

使用通道乘客定额人数/人	净宽度/米	出入口	
		净宽度/米	数量（不少于）/个
1～30	0.9	0.9	2
31～100	1.2	1.2	2
101～200	1.4	1.4	2
≥201	1.6	1.6	2

知识检测

1. 单项选择题

（1）国内运营的游船使用年限是（　　）。

A.10 年　　　　　　B.20 年　　　　　C.30 年　　　　D.40 年

（2）业界最早把（　　）作为新船旧船的时间分界线。

A.1970 年　　　　　B.1980 年　　　　C.1990 年　　　D.2000 年

（3）决定内河游船的客容量的是（　　）。

A. 总吨位　　　　　B. 净吨位　　　　C. 注册总吨位　 D. 容积吨位

（4）我国内河游船属于船舶类型中的（　　）。

A. 一类船舶　　　　B. 二类船舶　　　C. 三类船舶　　 D. 四类船舶

2. 简答题

为什么内河游船的承载量越大，游客的舒适度就越高？

任务实施

1. 实训目标

通过收集一艘内河游船的船体数据信息来判断该游船的承载量，充分理解内河游船承载量与游船船体的关系。

2. 实训内容

以小组为单位，实施任务：收集一艘内河游船的尺寸、吨位、容量、空间比率和船龄等数据和指标，来对该游船的承载量进行基本判断并做汇报。

3. 实训资料

每组可搜索不同的内河游船案例，如黄金游轮 6 号、三峡总统 8 号等。

4. 实训注意事项

每艘内河游船的船体指标表述有所差异，请同学们仔细判断，若有疑问可咨询老师。

5. 实训步骤

（1）以小组为单位选择一家游船企业的某一艘游船作为分析对象；

（2）通过网络或查阅资料等途径收集该游船的船体数据；

（3）根据所收集船体数据信息，运用所学知识，计算该游船的承载量；

（4）分小组汇报，并进行组组互评、师生共评。

6. 实训评价

序号	评价内容	评价标准	达标	未达标
1	信息收集能力	游船企业信息属实、游船信息属实、数据信息属实		
2	协作意识	组内全员参与、分工明确合理		
3	表达能力	每组汇报时长在15分钟之内，普通话标准、表达精准流畅、思路清晰		
4	创新精神	思路开阔，有创新理念和时代精神，提出可行性建议		

课后提升

案例：在有限空间内打造舒适舱房

　　长江中下游流域的某家游船公司因经营成本和规模有限，为了充分利用游船空间，在游船的转角处增设了4间不规则舱房，以提高销售量。这4间不规则舱房的平均面积不足9平方米，却要求客床、电视、柜子、卫浴、阳台等基础设施一应俱全，这给设计师出了个大难题。经过多处考察及市场体验调研，根据舱房的实际空间构造，设计师通过采用暗色玻璃墙面来增加空间延展感，采用上下错位床位来减少占用面积，有效减少了上铺客人的压抑感，更通过嵌入式的迷你吧台设计，满足了客人对休闲饮品功能区的需求。这一系列的创新设计，不仅在有限空间内保障了顾客的基本需求，还进一步提升了顾客的体验感，使这4间不规则舱房一跃成为该游船公司的网红舱房，每个航次都供不应求，更有游客在体验过后感叹道："真是麻雀虽小，五脏俱全啊！"

　　思考题：游船企业还可以通过哪些途径来提升游客的体验感？

任务2　熟知内河游船注意事项

 任务简介

1. 任务描述

熟知内河游船的注意事项。

2. 任务要求

通过对内河游船注意事项的学习掌握，分组模拟游船对客服务经理的对客提示服务。

3. 学习目标

（1）知识目标：熟知内河游船注意事项。

（2）能力目标：能对游船上的游客进行注意事项的安全提示。

（3）素养目标：培养认真严谨的工作态度、团队协作能力、语言表达能力和沟通能力。培养工匠精神，树立以人为本的管理观念。

 知识储备

　　游船作为一种新兴的旅游方式，吸引了很多追求新异的游客。若想在游船上收获一段安全愉悦的旅程，必须熟知游船的注意事项。三个阶段的注意事项如下所述。

　　1. 登船前

　　① 信息确认。游客会在购买船票后收到来自游船公司的登船通知，登船通知上会告知游客此次行程的详细信息，如所登游船名称号码，登船时间，经停口岸、城市，所经旅游景点，所属团队、领队名称和电话等。

M7-2 内河
游船游客
注意事项

② 登船流程。登船当天根据指示的团队和领队信息，领取办理登船手续的相关资料，填写健康申报表，游客须在规定时间内，凭身份证及船票和其他相关资料通过码头登船，通过安全检查后，方可进入游船。

③ 安检要求。严禁携带易燃、易爆、有毒、有腐蚀性、有放射性以及有可能危及船上人员人身和财产安全的其他危险品，各种有臭味、恶腥味的物品，灵柩、尸体、尸骨等物品乘船。游客从码头登船时，要经过安检，一旦发现携带以上违禁物品将被没收查处，还将按照国家有关法规负赔偿责任。

2. 登船后

① 游客登船时需抓好扶手，上下船时务必待其停稳。尤其是老人和小孩，一定要在家人的陪同下上下船。

② 游客登船后，须根据船上的标识确认救生衣、救生圈、消防器材放置的具体位置。游船上会在楼梯间、走廊处、门厅等位置标注以上器材的位置，以提醒游客，方便大家在紧急情况下能迅速找到应急器材，如图7-4所示。

图7-4 游船上的消防器材

③ 游客登船后不要坐在船、艇栏杆上，也不要挤向一边；带有小孩的旅客，要随时照顾好孩子的安全；在船上走动时，不要奔跑，以防滑倒，不要靠近游船停泊一方的门窗，以免发生意外。

④ 进入外甲板时，游客请勿将身体探出船舷护栏，更不要翻越船舷栏杆，以免发生落水事故。

⑤ 请勿让儿童独自在客舱上铺休息或睡眠、独自进出卫生间，请勿让其到茶水站打开水。不要让儿童随意乱跑、攀爬栏杆或扶梯，进入外甲板时，不能让其将身体探出船舷栏杆外，避免发生意外。

⑥ 游客请勿穿一次性拖鞋到舱房以外的场所，更不要穿一次性拖鞋进入浴室或卫生间，以免滑倒和摔伤。

⑦ 游客在船上要注意防火、防盗，不要乱接电器电源。游船上的客房、餐厅、酒吧以及其他公共场所都设有插座，方便游客使用。大家只需带好手机、电脑等设备的充电器即可。

⑧ 游客在船上要爱护环境卫生，不得随地吐痰、乱扔垃圾，严禁向水中丢弃垃圾及游玩所产生的废弃物，保护环境人人有责。

⑨ 游客不要触摸船上各种仪器、设备以免触电，要爱护船上所有设施、物品，如发生人为损坏，需照价赔偿。如有导游带领游客参观，可在不影响设备正常运行的情况下，在专业人员的指导下使用或体验。

⑩ 水面上因涌浪的作用，游船会有一定程度的波动，不要惊慌或跑跳，抓好栏杆，并保管好手机、手表、照相机等贵重物品，以免掉入水中。

⑪ 游船航行时，驾驶舱严禁非驾驶人员出入。如图 7-5 所示为游船驾驶舱。

图7-5　游船驾驶舱

⑫ 乘船过程中如遇险情，切不可慌乱，应听从工作人员安排、指挥，以保证人身安全。

⑬ 游船上配备有医护人员和医疗设备，当游客有需要时，可随时呼叫医护人员，也建议游客根据自身情况自备晕船药品、感冒药、止泻药和心脑血管等慢性疾病用药。

⑭ 若有晕船情况发生，可用湿毛巾敷在面部或胸部缓解症状。若船是前后颠簸起伏，游客可顺船宽方向平卧；若船是左右摇晃，可顺船长方向平卧，闭目休息，做深呼吸动作。不要看窗外一闪而过的东西，要眺望远方。症状较严重时，可求助船上医护人员。

⑮ 游船上的自费项目有：升舱服务、升餐服务、洗衣服务、酒吧、KTV、电影院、足浴按摩等项目，具体产品和价格以部门菜单为准。

⑯ 游船规定，游船的各个室内区域及公共区域（图 7-6）为禁烟区，吸烟区仅限于部分指定区域，室外吸烟区都贴有显著的"指定吸烟区"标志，请游客自觉遵守。

图7-6　游船公共区域

⑰ 提倡健康文明的娱乐活动，抵制封建迷信活动，禁止黄赌毒等一切违反社会主义精神文明建设的活动。

⑱ 游船会在各舱室入口处设置标明舱室用途的标识牌，在各主要通道上设置指路标识牌，夜间则有灯光辅助指示。在船员作业区域设有"工作重地，旅客止步"的警告牌，禁止游客触碰的物品则应设有"危险"字样的标牌。

⑲ 游船在乘客舱室和公共区域显著位置会张贴应急疏散图及应急须知，如图7-7所示，在应急出口处则有"安全通道"标识牌，游船工作人员一定要告知游客相关事项。

图7-7　安全疏散示意图

3. 离船

① 请游客携带好随身物品，认真检查贵重物品有无遗漏，听船内语音提示，有秩序下船。

② 请检查乘客舱房内游船所提供物品有无遗失或损坏，若是游客主观原因造成，则需照价赔偿。

③ 请游客在离船过程中，注意脚下，不拥挤不推搡，成人照看好儿童及老人。在游船未停稳前请勿走动、跑跳、打闹。

④ 请游客离船前，及时退还房卡，完成退房和押金清退事项。

⑤ 游客若有物品遗漏，可联系游船前台电话找寻。

⑥ 人多拥挤处请勿逗留拍照，需有秩序地尽快离开。

游船作为一个移动的、相对封闭独立的娱乐休闲场所，安全管理不容小觑，因此，游船注意事项需要游船工作人员和登船游客共同遵守，共创安全、和谐、愉悦的旅程。

M7-3 乘船
注意事项

 知识拓展

不准载运乘客的处所

游船的下列处所不应核准载客：

① 船员居住舱室及船员生活、工作必需的处所。

② 厨房、船上操作与日常事务所需的服务处所以及乘客的卫生处所和医务处所。

③ 船首防撞舱壁及其延伸线之前的处所。

④ 由船首柱向后至绞锚盘或绞锚机底座后缘 1 米的甲板面积范围内。

⑤ 扶梯及通道、无固定顶篷的甲板开敞区域。

⑥ 货舱。

⑦ 存放和升降救生艇（筏）的处所及无舷墙或栏杆设备的甲板。

⑧ 不能阻止货物或燃料蒸发气体进入的一切舱室。

⑨ 无照明设备或通风不良的舱室。

⑩ 凡与储藏易燃易爆物料舱室相毗邻的处所以及与固定消防站相毗邻的处所。

⑪ 开有舱口，但其四周无固定围壁的处所。

⑫ 凡与油漆间或储灯间未用气密舱壁隔开的围蔽舱室。

⑬ 与机炉舱直接相邻，未在其隔壁上加装绝热覆盖物的处所。

⑭ 没有围壁或固定栏杆或舷墙保护的甲板处所。

⑮ 除上述处所外，其他不适于载客的处所。

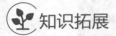 **知识检测**

1. 单项选择题

（1）下列可以通过安检带上游船的物品是（　　　）。

A. 汽油　　　　　　B. 酒精　　　　　C. 水果刀　　　　D. 纯净水

（2）下列可以载客的场所是（　　　）。

A. 客舱有安全围栏的阳台　　　　　B. 无照明的舱室

C. 没有围栏的甲板　　　　　　　　D. 货舱

2. 简答题

（1）简述游客在登船之前需要携带的必要资料有哪些。

（2）简述游船上的自费项目有哪些。

任务实施

1. 实训目标

熟知并掌握游船注意事项，锻炼讲解服务能力。

2. 实训内容

以小组为单位，组内进行角色扮演，其中一位学生扮演游船接待经理，其他同学扮演游客，由游船接待经理向游客讲解注意事项。

3. 实训资料

以教材中的注意事项内容为主，可自由添加科学合理的内容。

4. 实训注意事项

游客可主动向游船接待经理提问、咨询，游船接待经理要做好随机应变的准备。

5. 实训步骤

（1）分小组进行场景设定和角色分配，至少包括游船接待经理和游客两种角色，其他角色可根据场景和剧情自由设定；

（2）分小组进行场景模拟和角色扮演练习；

（3）分小组进行场景模拟和角色扮演展示；

（4）组组互评、师生共评。

6. 实训评价

序号	评价内容	评价标准	达标	未达标
1	场景和角色设计	场景设定符合实际，具有代表性，角色设定合理、丰富、形象鲜明		
2	协作意识	组内全员参与、分工明确合理		
3	应变能力	在模拟过程中能自由应变，面对意外情况能灵活并得当地处理		
4	讲解能力	游船接待经理讲解完整流畅、语言清晰标准，具有亲和力，有互动性		
5	创新精神	思路开阔，有创新理念和时代精神，提出可行性建议		

课后提升

案例：必要的温馨提示

某游船的接待经理小王，休息时在宿舍看电视，忽然有一行滚动字幕引起了他的注意。字幕内容为："上虞将在 5 月 12 日 14:50 启动防空警报，请各位出行的市民不要惊慌，不要影响正常工作。"虽然只是一条简短的温馨小提示，但小王却将它记在了心里。

5 月 12 日这天正好小王上早班，当他像往常一样巡查大堂时，却发现游船大堂并没对上虞今天将拉防空警报的事做出任何标识与提醒。小王想："如果到时候因拉警报而引起客人的恐慌该怎么办？甚至还有可能引起客人的投诉。我们应该对此事做个温馨提示。"于是小王立马上网查询关于上虞今天要拉防空警报的详细信息，包括具体时间以及将在哪些区域启动防空警报，并电话确认信息的准确性。之后，小王又立即在所有工作群里发布了上虞将在今天拉防空警报的准确时间、次数以及准确区域的信息，通知各位员工做好对客解释工作。同时也让电脑房针对此事做了一个温馨提示并在大堂的各个电视上显示。14:50左右，防空警报准时拉响，但游船的客人并未因此而感到恐慌，游船也没收到任何关于此事的投诉。

"作为一名合格的游船接待经理，本职工作就是时时刻刻发现问题，解决问题。而且要有布置，有检查，还要有反馈。这样才能使我们的工作做得得心应手、事半功倍，从而为游船赚到更多回头客，创造更大的效益。"小王如是说。

思考题：游船上的接待经理在对游客进行注意事项提醒时，需要考虑哪些问题？

任务3　熟知内河游船应急管理

 任务简介

1. 任务描述

掌握内河游船上可能发生的各种紧急情况及相应的应急措施，能够对紧急情况进行及时有效地处理。

2. 任务要求

学习各种内河游船上可能发生的各种紧急情况及相应的应急措施，并通过情景模拟来训练应急处理能力。

3. 学习目标

（1）知识目标：熟知内河游船上可能发生的各种紧急情况。

（2）能力目标：能对内河游船上突发的紧急情况进行基础的分析判断，并采取及时有效的应急措施。

（3）素养目标：培养危机意识、严谨缜密的工作态度和责任心，提升团队协作能力。培养爱国主义精神，树立以人为本的管理观念。

 知识储备

M7-4 内河游船消防安全管理

很多人把游船旅游理解为一种乌托邦式的休闲娱乐方式，但是，水上航行不同于常规的陆地旅游。与陆地旅游相比，水上旅游存在的风险更大且更为紧急，比如火灾、溺水、飓风、恐怖袭击、劫持、食物中毒、传染疾病等突发事故。一旦发生这些紧急情况，水上游船的自救能力和他救能力将面临极大的挑战，若救援不及时会造成巨大的生命财产损失。因此，游船安全问题不容忽视。本任务主要从两个方面讲解如何尽量规避这些重大突发事故，以及如何应对这些突发事故。

1. 消防事故及其防范

安全管理是内河游船管理工作的基础和保障，而消防安全管理则是安全管理工作的重中之重。内河沿岸港区、锚泊区、桥区、坝区、油区和危险品作业区密布，船舶、船公司和水运从业人员众多，因此，游船的消防安全管理工作非常复杂，是内河航运安全管理的重点和难点。内河游船人员密集、远离陆地，水上消防应急救援力量薄弱、响应速度慢，一旦发生火灾，极易发生重特大群死群伤事故。

随着国家经济由高速增长向高质量发展转变，内河游船消防安全整体水平得到了大幅度提高，但局部形势依然严峻，消防安全稳中有忧、忧中有险，主要体现在以下几方面：

① 内河游船船员消防能力不强，消防安全意识不够。

② 基础设施设备问题多而复杂，游船企业不愿意花成本修复消防安全设施。

③ 生产运营环境进一步恶化，消防安全风险增加。

④ 游船消防安全投入参差不齐。

⑤ 公共消防救援能力不足。

针对内河游船消防安全现状和存在问题，应当从内河游船消防安全监督管理机构、航运公司、水上消防协会以及在船人员等不同维度入手，全面加强消防安全管理。具体提出以下建议：

① 国家监督管理机构要全面强化内河游船消防安全管控。应急管理部、交通运输部要进一步强化消防安全立法和监管，同时加强内河消防应急救援队伍建设，在沿岸增加消防应急救援队伍数量，缩小每个基地的责任半径，缩短消防应急救援到位时间，提升消防应急救援成效。

② 航运企业实施体系化管理，深入化解消防安全风险。内河游船企业要严格落实消防安全主体责任，依法健全消防安全管理机构，明确消防设施设备维护保养、消防隐患排查治理和风险防控责任部门，为游船消防安全管理提供可靠的组织保障。还要强化消防安全人才队伍建设，不断强化消防安全培训，持续提升船员消防安全意识和能力。加大游船消防硬件建设和维护的投入力度。建立和完善消防安全风险防控管理体系。

③ 行业协会要助力内河游船消防安全水平提升。水上消防协会要充分发挥自身优势，全力参与水上消防事务，协调水上消防业界关系。

④ 内河游船在船人员要筑牢消防安全"最后防线"。严格落实规章制度，密织消防安全网，全面深入开展消防安全隐患排查整治工作，不断强化消防应急处置能力。

⑤ 内河游船的消防安全管理工作，是一项协同性强、涉及面广的系统工程，需要政企联动、船岸协作乃至全社会共同努力才能有所成效。社会各界应充分发扬滴水穿石的精神，谋划长远，不忘初心，干在当下，不断提高管控水平，持续降低消防安全风险，以期达到杜绝发生群死群伤消防安全事故的长远目标，切实保障人民生命财产安全。

游船一旦发生火灾，最重要的就是能够及时发现，将火灾扑灭在起始阶段。发现火情以后，应立即发出火警警报，寻觅火源，控制火势。通过观察火灾浓烟及异味来判断火源的位置和起火原因，切断电源和油舱通道，封闭起火舱室门窗和通风口，尽力防止火势扩展蔓延，并根据具体情况采取不同灭火器材及方法。明火扑灭后，仔细检查现场余烬是否完全熄灭。事后对火灾原因及施救工作认真分析总结，以吸取教训和经验。如图 7-8 所示为消防灭火演习。

M7-5 消防
安全宣传

图7-8　消防灭火演习

2. 溺水事故及其防范

　　游船在航行的过程中，可能由于船舶搁浅、触礁、碰撞、自然灾害（如暴风雨）等原因，造成船舶断裂、沉船等灾难性事故（如著名的"泰坦尼克号"沉船事件），会造成大规模的人员溺亡。为了尽量减少此类事故造成的生命财产损失，根据游船安全管理相关规定，每艘游船上都要配备相应的防溺水设备以及救生人员和医护人员。客人登上游船后，游船的讲解人员需要带领游客了解游船上的防溺水设备及其使用方法，比如救生艇一般会根据规定放置在游船的两侧（图 7-9），救生衣则会分布在各个客房、餐厅、娱乐休闲场所以及楼梯间等。防溺水安全员需要向游客进行示范如何使用救生艇以及救生衣，以及在什么情况下使用此类设备。对救生设备要进行经常性检查，其数量和质量必须达到海事部门要求。客房及大厅里的显示器也要定时循环播放溺水防护安全视频。客房阳台以及观景平台栏杆处，一定要标明"禁止翻越，小心落水"的字样，以提醒游客注意安全。在游客上下游船和码头时，也需有服务人员进行安全引导和提示，让游客注意脚下，带有小孩和老人的游客，需照看好自己的家人，以免不慎落水。

图7-9　救生艇

船舶驾驶工作人员在遇到大风、大雾、暴雨、视线不清等不能保证安全的情况下，不准航行，四级风以上天气不准航行。超越其他船只时，做到正确判断前船动态，保持安全距离，被超越时要减速航行，以免船舶意外相撞引起重大溺水伤亡事故。

万一有游客不听劝导意外落水，须立即采取救护措施。每艘游船上都会配备 1～2 名救生员以及急救医生。由救生员把落水游客救助上来后，若其意识较清醒，则需立即用干毛巾擦干身上水迹，带到温暖的房间休息，并检查身上有无伤口。若落水时间较长，导致游客短暂窒息，则须立即把落水者平置在空地上，进行人工呼吸，并辅助按压胸腔，使落水者呛入气管中的水流出，待落水者恢复呼吸和意识后，再擦拭水迹，检查伤口，若有外伤，则需及时进行消毒和包扎。

 知识拓展

游船海难事故的自救技巧

M7-7 水上交通安全知识

① 一定要保持冷静，听从游船广播的统一指挥，迅速到达指定的集合地点。

② 尽可能地多穿保暖衣物，注意要重点保护头部、颈部、手和脚，一定不能脱掉鞋子。如果有保暖救生衣，要穿在外面，没有保暖救生衣，要穿上普通的漂浮救生衣，救生衣不仅能帮助落水者浮在水面，上面的指示灯还能指引救生船发现落水者。

③ 条件允许情况下，服用预防晕船的药物，最好随身携带。

④ 迅速并且有秩序地进入救生筏。尽可能不要直接跳入水中，突然跳入冷水中极易呛水，并且会导致迅速死亡。当必须直接跳入冷水中时，应该将两肘紧贴身体，一手捂住鼻子和嘴，一手紧握另一只手肘或手腕。

⑤ 一旦落水，应该镇定下来。在冷水中人体热传导速度比空气中快得多，要努力寻找大船、救生艇、救生筏、救生圈或者水面上的其他漂浮物，让自己身上的部位尽可能少地接触到冷水。若猛烈地发抖，感到剧痛，这是人体本能反应，没有危险，不必过于紧张，应迅速采取行动，如扣好衣服、抓住漂浮物、找出救生衣上的口哨、开启信号灯等。

⑥ 浮在冷水中，尽量不要游动，除非是为了接近附近的小船、遇险的同伴、可以靠或可攀附的漂浮物。不必要的游动，会将身体和衣服之间的温水排出，而加快体热消耗速度，还会将温暖的血液从人体内部加速输送到表层，导致体热迅速丧失，最终导致人的死亡。

⑦ 浮在冷水中时，要尽量将身体缩成一团，即两腿并拢、两肘贴紧身体、两臂交叉放在胸前，尽可能不动，可有效减少身体表面和冷水的接触面积，延长存活时间。尽量使头部和颈部伸出水面。如果附近有几个人都漂浮在水面上，可抱团保暖，如有儿童，则要把儿童放在中央，可借助大人的体热延长孩子的存活时间。

⑧ 要尽快登上救生艇、筏或者其他救生浮具。上了救生艇要设法使用舱盖布、防水帆布、无人穿的衣物等来保暖。

⑨ 逃生采取游泳自救还是等待救援取决于多方面的因素。大多数人在低温的冷水中连100米也游不到，而且在水上观测的距离也是不准确的。一般情况下，最好是留在沉船的附近，因为这样更容易被救援者发现。除非是在绝对没有可能被救出的情况下，或者对自己的游泳能力绝对把握的情况下，否则尽量不要采取游泳自

救的方法。如果决定游泳自救，也一定记得穿上漂浮救生衣或者使用辅助漂浮物。

⑩ 必须坚持要活下去和获救的积极思想状态，这样做会增加延长生存时间的可能性。有坚强的求生意志，有时会产生完全不同的求生效果。

 ## 知识检测

1. 单项选择题

（1）救生艇一般会根据规定放在游船的（　　　）。

A. 两侧　　　　　　B. 前甲板　　　C. 后甲板　　　D. 地下舱室

（2）沉船事故的造成原因不包括（　　　）。

A. 强风　　　　　　B. 碰撞　　　　C. 触礁　　　　D. 暴雨

2. 简答题

简述内河游船的应急管理都有哪些。

任务实施

1. 实训目标

熟知内河游船的安全事故类型及原因，掌握紧急事故的应急办法。

2. 实训内容

各小组任选一种紧急事故，进行游船员工和游客的角色扮演，模拟事故逃生场景。

3. 实训资料

任选教材中安全事故案例。

4. 实训注意事项

注意秩序安全，以免造成不必要的伤害。

5. 实训步骤

（1）小组内商定并选择一种紧急事故，比如火灾、溺水、食物中毒等；

（2）小组内商定紧急事故现场细节，并分配角色；

（3）小组进行事故现场模拟练习；

（4）分小组进行紧急事故现场模拟展示；

（5）组组互评、师生共评。

6. 实训评价

序号	评价内容	评价标准	达标	未达标
1	场景和角色设计	场景设定符合实际，具有代表性，角色设定合理、丰富、形象鲜明		
2	协作意识	组内全员参与、分工明确合理		
3	应变能力	在模拟过程中能自由应变，面对意外情况能灵活并得当地处理		
4	技能水平	在紧急事故的施救过程中，方法步骤正确有效		
5	创新精神	思路开阔，有创新理念和时代精神，提出可行性建议		

课后提升

案例："东方之星"沉船事件

2015年6月1日21时约32分，隶属于重庆东方轮船公司的"东方之星"号（图7-10），在从南京驶往重庆途中突遇龙卷风，在长江中游湖北监利水域沉没。

2015年5月28日，"东方之星"客轮从南京出发，中途还停靠了南京多个港口。事发时，船舶处在长江中游的湖北水域。据了解，该水域距南京1400多公里。2015年6月1日21时32分，载有454人的客轮"东方之星"突遇龙卷风，在长江湖北监利段倾覆。2015年6月2日1时许，长江干线水上搜救协调中心接报，重庆东方轮船公司所属旅游客船"东方之星"轮在长江湖北监利段突遇龙卷风瞬间翻沉。轮船倾覆地累计降水量达94.4mm。2015年6月2日凌晨5时许，湖北省政府应急办发布消息："东方之星"客船上行至长江水域湖北省监利市大马洲水道44号过河标水域处（长江中游航道里程299.9公里），突遇龙卷风翻沉。

截至2015年6月13日，经有关各方反复核实、逐一确认，"东方之星"号客轮上共有454人，其中成功获救12人，遇难442人，全部遇难者遗体均已找到，至此搜救工作结束。

2015年12月30日，长江沉船事故调查报告公布，经国务院调查组调查认定，"东方之星"号客轮翻沉事件是一起由突发罕见的强对流天气带来的强风暴雨袭击导致的特别重大灾难性事件。

思考题：面对这种灾难性的沉船事件，我们可以采取哪些措施尽量减少人员伤亡？

图7-10 "东方之星"号

任务4　了解内河游船生态管理

任务简介

1. 任务描述

了解内河游船生态管理的内容和要求。

2. 任务要求

对内河游船的生态管理规定进行解读。

3. 学习目标

（1）知识目标：了解内河游船生态管理的内容和要求。

（2）能力目标：能快速解读内河游船的生态管理规定并正确执行。

（3）素养目标：培养环保意识，提高执行能力。培养爱岗敬业的社会主义核心价值观，树立以人为本的管理观念。

知识储备

　　生态管理一直是我国近几年发展的热门词，是科学发展观的具体体现，对于占据水运交通半壁江山的客运游船来说，生态管理也是不容忽视的一项重要工作。

　　我国目前的游船交通管理正处于转型中的一个重要阶段，不仅需要对游船交通日常工作进行严格管理，还需要在常规的管理过程中对生态环境进行更好的建设。要能够在保证游船交通生态环境的基础上使游船交通良好地运行，这种生态维护理念不仅是对可持续发展政策的落实，更是对生态环保所作出的保证。随着信息化时代的到来，游船交通管理方式变得更加简洁和轻松，传统人工巡逻式的管理措施虽然也会进行，但更多的是通过信息化的科技手段来实现对游船交通的管理，这种更加科学化的管理方式让游船交通的管理更加数据化，同时也让水运的环境更加地趋于自然，如图7-11所示。

图7-11　游船运行时保持水域清洁

船舶生态问题主要包括船舶在航行、停泊港口、装卸重物的过程中对周围水土环境、大气环境等产生的污染问题。内河游船的生态管理是通过严格控制和预防船舶各种有害物质的排放和意外泄漏，使水域环境保持干净清洁。主要有以下方面：

① 陆地生态环境对水运生态的影响。船舶港口会永久性地占用一定的土地资源，造成植被的破坏以及水土流失等问题，这些都会对水运生态造成很大的破坏。

② 营运期间，游船上丢弃的垃圾以及排出的污水会对水运生态造成破坏。游船上会使用一些难以降解的一次性塑料；游船上的生活污水主要来自游船游客的洗浴污水、游船厨房的生产污水等。以一艘载客 600 人的游船为例，其每天产生的生活污水达 2 万升，旺季则每天高达 4 万升，如此大排量的污水对航道水运生态环境是一种较大的压力。

③ 游船的高能耗会对水域和航道空气质量造成破坏。游船的高能耗主要体现在游船燃油的高消耗，游船的航行、船上电力的供应、设施设备的运转等都需要通过燃油提供动力，因而，有必要推行游船绿色经营管理。

④ 因船舶触礁、碰撞、颠覆、沉没等事故而造成的油污污染也是不容小觑的生态破坏因素之一。

⑤ 游船在航行的过程中，汽笛声和发动机发出的震感，对航道水域中的水生物，以及两岸的居民也造成了一定的噪声污染。

基于以上问题，对保护游船水运生态环境提出以下建议措施：

① 对游船交通港口要进行日常维护和定期维修，除此之外，要对港口及相关领域的水土进行保护，防止水土流失。例如，在种植植物时，要选择具有水土保持功能的植物进行种植；在进行区域设计时，将安全保护和保持水土的理念融入进去，能够在有效提高土地利用率的同时对建设区的水土流失进行恢复和治理。

② 在游船交通运营期间，航道沿线的港口应该配备一些生活污水和含油污水处理装置，对游船排放的垃圾污染物进行处理，之后再排放至水域。

③ 制定严格的生态管理制度，对游船从业人员及游客的破坏环境行为进行严惩，比如向水中丢弃垃圾要罚款。对人员的不文明行为进行规劝的同时，也能减少一部分的生态污染。

④ 加快新能源游船的建设步伐，加大新能源游船的普及力度。在资源日益匮乏的环境中，如何开发和使用新能源，也应该是新一代游船人未来努力的方向。

⑤ 创建绿色游船。所谓"绿色游船"，是指游船及游船旅游的发展必须建立在生态环境的承受能力基础之上，同时，必须符合当地的经济发展状况和文化水平，既满足当代人需求，又不损害后代人需求。

我国的内河航道绝大多数是自然水域，如长江三峡，是国家一级保护野生动物中华鲟的繁殖地和栖息地。三峡沿岸的珍稀动植物一直是三峡工程生态环境建设中亮丽的绿色名片，这是因为长江三峡工程在规划设计阶段就开展了长期的生态环境研究论证，严格落实了生态环境保护措施。"绿水青山就是金山银山"，生态保护不仅仅是一句口号，在内河游船行业的发展中，我们要提高生态保护意识，把环保落到实处，共同守护我们的绿水青山。如图 7-12 所示为长江三峡的秋景。

M7-8 内河游船生态管理

图7-12　长江三峡的秋景

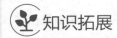 知识拓展

良法善治守护长江　系统治理船舶污染

《中华人民共和国长江保护法》于2021年3月1日起施行。该法是我国第一部流域法律，开创了长江生态环境保护发展有法可依的崭新局面，事关中华民族永续发展。作为长江水上最大的一支执法力量，长江海事部门将以长江保护法为准绳，坚决捍卫美丽长江，系统治理船舶污染，坚定不移为深入推动长江经济带高质量发展保驾护航。

长江保护法的出台，是落实习近平总书记重要指示精神和党中央战略部署的重要举措，对加快生态文明建设、共抓长江大保护和推进大江大河流域可持续发展具有极其重大而深远的意义。

长江保护法是贯彻落实习近平生态文明思想的标志性成果。习近平总书记在2018年全国生态环境保护大会上指出，生态文明建设是关系中华民族永续发展的根本大计，要用最严格制度最严密法治保护生态环境。

长江是中华民族的母亲河，流域面积占全国近五分之一，具有完备的自然生态系统、独特的生物多样性、全国三分之一的水资源、五分之三的水能资源，是我国重要的战略水源地、生态宝库和黄金水道，长江在维护国家生态安全中的地位十分重要、举足轻重。制定长江保护法这样一部专门法，有利于统筹兼顾、整体施策、多措并举，全方位、全流域、全过程地保护长江流域的生态环境，确保一江清水永续东流、绵延后世，是深入贯彻落实习近平生态文明思想的重要举措、标志性成果。

出台长江保护法是开启长江保护发展新征程的里程碑事件。"法律是治国之重器，良法是善治之前提。"长江保护法着眼长江流域的整体性、系统性、完整性特征和突出性问题，建立了一系列长江生态环境保护的硬约束机制与制度，将习近平总书记关于长江大保护与绿色发展的重要指示精神、党中央战略部署以法律形式予以贯彻落实，转化为保护长江的国家意志和社会行为准则，开创性地构建了长江流域生态保护和绿色发展的法治框架，使共抓大保护这条底线真正成为不可触碰的高压线，长江大保护实现了由治标向治本、由分散治理向系统治理的跨越发展，是长江保护发展进程中具有里程碑式的重大事件，是习近平法治思想在长江流域生态治理上的重大成果。

长江保护法是大江大河系统治理的中国方案。大江大河流域向来是世界文明的发祥地，是经济发展中心所在。长江是亚洲第一长河和世界第三大河，长江生态区是世界自然基金会划定的需要全球保护的35个生态区之一。长江生态保护、长江流域可持续发展，对中国对世界都具有不言而喻的重要意义。长江保护法是我国第一部流域法律，填补了我国流域立法的空白，为今后黄河等流域立法起到了示范和引领作用，也为世界大江大河流域治理和可持续发展贡献了卓越的中国方案和中国智慧。

知识检测

1. 单项选择题

（1）游船在行驶的过程中发出的汽笛声和发动机的震感，对于水域中的生物和沿岸居民来讲，属于（　　）污染。

A. 水　　　　　　　B. 空气　　　　　C. 土壤　　　　　D. 噪声

（2）绿色游船是指游船及游船旅游的发展必须建立在（　　）的承受能力基础之上。

A. 生态环境　　　　B. 人类生存　　　C. 海洋生物　　　D. 植物

（3）游船的高能耗会对水域和航道的（　　）造成破坏。

A. 水质　　　　　　B. 空气质量　　　C. 生物多样性　　D. 沿岸土质

（4）对沿岸水土保持造成影响的主要因素是（　　）。

A. 港口建设　　　　B. 游船污水　　　C. 游船噪声　　　D. 游船废气

2. 简答题

简述在防治内河水域船舶污染方面，还可采取哪些有效措施。

任务实施

1. 实训目标

认知内河游船生态管理的内容和要求。

2. 实训内容

以小组为单位，对我国不同内河航道的生态管理规定进行搜索并解读。

3. 实训资料

长江、珠江、淮河、京杭运河等内河航道的生态管理规定。

4. 实训注意事项

注意网络搜索资料的权威性和时效性。

5. 实训步骤

（1）分小组商定并选择国内任一内河航道，如长江、珠江、淮河、京杭运河等内河航道；

（2）小组内分工收集所选内河航道生态管理规定的相关内容；

（3）小组内把收集所得的内河航道生态管理规定进行汇总整合；

（4）分小组进行内河航道生态管理规定解读；

（5）组组互评、师生共评。

6.实训评价

序号	评价内容	评价标准	达标	未达标
1	内容属实	内河航道的选择具有代表性，相关生态管理规定信息属实，具有时效性、科学性和权威性		
2	协作意识	组内全员参与、分工明确合理		
3	汇报能力	汇报完整流畅、语言清晰标准、思路清晰		
4	创新精神	思路开阔，有创新理念和时代精神，提出可行性建议		

 课后提升

案例："长江三峡1号"纯电动游轮2022年底试航

机器轰鸣、焊花飞溅。近日，在宜昌枝江市的船舶工业园内，由三峡集团和宜昌交运联合打造的纯电动游轮——"长江三峡1号"已完成船体建造，工人们正紧张忙碌地进行舾装，为2022年底试航奠定基础。

宜昌鑫汇船舶修造有限公司董事长覃启胜介绍，该游轮可容纳1300客位，设计总长100米，总宽16.3米，型深4米，交付后将主要运行于两坝一峡、宜昌长江夜游、三峡升船机等旅游航线，具备会议、接待、婚宴、表演等活动功能。

据介绍，"长江三峡1号"将搭载7500千瓦·时动力电池，相当于100辆以上纯电动汽车的电池容量总和，是动力电池容量大、智能化先进的新能源纯电动船舶，先后被列入工信部高技术船舶科研项目和交通运输部交通强国试点项目。

该游轮也是全球第一艘采用高压充电低压补电方案的电动船舶，高效解决了大功率港口的充电难题。与传统动力船舶不同，该游轮动力采用清洁水电能源，一次充电可续航100公里，每年可替代燃油530吨，减少有害气体排放1660吨，可有效提升宜昌绿色交通品位。

据了解，近年来枝江市充分发挥区位交通优势，科学利用自然深水岸线资源，支持船舶制造企业加快向现代造船转型，全力做大做强宜昌船舶工业园。

作为枝江"一区五园"布局的重要一园，宜昌船舶工业园于2010年建设，占地2400亩（1亩=667平方米），位于七星台镇陈家港村和马家店街道江口社区长江堤防外滩。经过十年发展，宜昌船舶工业园从无到有、从小到大，现已初具规模。2020年，园区修造各型船舶116艘，载重99万吨，完成工业总产值21亿元，税收1980万元，实现就业6000余人，以鑫汇船舶为龙头的七星台片区大力发展新能源船舶制造，逐渐成为宜昌船舶工业园发展的主战场。

下一步，枝江市将努力把园区打造成为宜昌船舶经济增长极、湖北省最大的民用船舶修造生产基地、湖北省船舶设计研发展示中心、湖北省船舶军民融合产业基地、长江流域最大的内河特种工程船舶生产基地。

思考题：新能源游轮的开发和建设需要考虑哪些因素？

项目八 内河游船客户关系管理的方法

客户关系管理是指企业为提高核心竞争力，利用相应的信息技术以及互联网技术协调企业与游客间在销售、营销和服务上的交互，从而提升其管理方式，向客户提供创新且个性化的客户交互和服务的过程。其最终目标是吸引新客户、保留老客户以及将已有客户转为忠实客户，增加市场。

任务1 掌握内河游船旅游者的特征及需求动机

 任务简介

1. 任务描述

完成对内河游船旅游者特征的认知；了解内河游船旅游者的需求动机。

2. 任务要求

按照内河游船游客服务要求与标准，提供游客满意的服务。

3. 学习目标

（1）知识目标：会说明内河游船旅游者的基本情况；会分析内河游船旅游者的特征和心理需求动机；会说明旅游者的消费特征；会分析旅游者购买内河游船旅游产品的常见阻碍因素。

（2）能力目标：能区分国内外内河游船旅游消费者的特征；能总结分析国内外内河游船旅游者的心理需求动机。

（3）素养目标：提高对内河游船旅游者心理特征的认知；培养对内河游船旅游者心理需求分析的兴趣、探索及创新精神和解决问题的能力。通过融入中华传统美德、文化自信等内容，提升学生政治素养与文化素养。

知识储备

（一）内河游船旅游者的定义

内河游船旅游者是指任何除了以获得报酬为目的的，乘坐游船在江河、湖泊等水域及其腹地观光、休闲、度假、探亲访友、运动探险、医疗保健、购物、参加会议或从事经济、文化、体育、宗教活动的人。

（二）内河游船旅游者的主要类型

1. 按客源地分

以我国三峡地区为例，我国三峡地区内河游船的客源来自世界各地，分为内宾和外宾，内宾主要来自西南和华东地区，外宾大多来自欧美和澳大利亚。

2. 按旅游目的划分

按旅游目的划分，内河游船旅游者可以分为观光旅游者、休闲度假旅游者、商务旅游者、科学探险旅游者等。

3. 按组织形式划分

按组织形式划分，内河游船旅游者可分为团队旅游者、自助游旅游者两大类。由于现代 OTA（online travel agency）企业的发展和游客对旅游信息获取的便利性，三峡游船旅游的游客目前已从以团队游客为主转变为以散客为主。

4. 其他划分

其他划分方法可以按照游客年龄、性格、收入水平、受教育水平、生活方式、婚姻状况等进行。

（三）内河游船旅游者的特征分析

根据国际邮轮协会（CLIA）2008 年的一份研究报告，与非内河游船旅游者相比，内河游船旅游者呈现出高龄化、高学历、高收入退休人数占较大比重的特点，他们的特点也符合内河游船旅游追求高档舒适的旅行宗旨。国际上内河游船旅游属于长时间的、悠闲的旅游行程，因此费用要比普通旅行更昂贵。近年来 CLIA 在美国的调查研究显示，绝大多数首次乘坐内河游船的旅游者表示内河游船旅游的体验和经历远远超过了他们的期望，而乘坐过内河游船的旅游者也表示日后将再次乘坐内河游船。内河游船旅游者的满意度和重游率相对一般旅游者而言都较高。当前，国际内河游船旅游市场的绝大多数游客来自美国和加拿大，因而北美地区内河游船旅游者的特点很好地代表了国际内河游船市场上游客的特点。

1. 根据内河游船旅游者的人口统计学特征分析

（1）从收入水平上看

北美地区内河游船游客年均家庭收入较高，说明内河游船作为一项高档消费，消费群体主要集中在中产以上阶层。

（2）从教育程度上看

内河游船旅游者受教育程度也相对较高，2014 年，大约有 76% 的内河游船旅游者具有本科及以上学历。

（3）从年龄特征上看

从游客年龄结构来看，据 2019 年长江三峡游轮数据统计，35 岁以下的游客仅占 5% 左右，35 ～ 60 岁的游客占 37.3%，60 岁以上老年游船旅客占 54%，35 ～ 60 岁的游客占比持续增长。据预测，内河游船旅游者的年龄还将继续降低，越来越多的年轻人将会加入或者喜欢上内河游船度假这种新兴的旅游方式，但是我国内河游船的情况仍将以老年人为主。

但是我国内河游船游客仍然以老年人为主，例如，目前我国三峡地区游船主要客源还是集中在 60 岁以上的人群中，如图 8-1 所示。

（4）从出游方式上看

参加内河游船旅游的游客几乎全部结伴而行，将近 4/5 的游客是与配偶一同出游的，大约 1/3 的游客是带小孩出行的。团队游客、蜜月游客同样也是内河游船旅游者中的主力军。

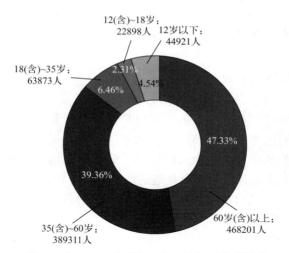

图8-1 2021年三峡地区游船国内游客年龄结构

内河游船旅游属于西方发达国家的中高端旅游消费产品。内河游船旅游宽松闲适、活动空间相对固定，家庭、亲子、蜜月、朋友之间结伴同游成为内河游船游客的主要出游方式。

2. 根据内河游船旅游者的出游选择行为特征分析

根据出游的路线、出游目的地、乘坐内河游船的舒适程度、出游的天数和费用等因素的不同，可以将消费者分为不同的消费偏好类型。

（1）度假型

度假型内河游船旅游者的旅行行程一般少于7天，更强调休闲的气氛，同时价格也普遍低于奖励型和豪华型内河游船旅行。

（2）奖励型

奖励型内河游船旅游者旅行的行程一般在7～14天，富裕消费者和老年人居多，通常价格也高于度假型内河游船旅行，更强调旅行的品质、舒适度以及目的地的选择。

（3）豪华型

豪华型内河游船旅游者旅行所使用的内河游船通常船体较小，有精致的住宿舱位和高标准的服务，因而价格也更为昂贵，同时旅行的目的地一般是那些充满人文气息和美丽风光的城市。

（4）目的地型

目的地型并不与以上3种类型并列存在，而是包含在以上3种方式之中，有些旅游者只看重旅行目的地的选择，而对于内河游船的价格、服务的水准和行程的长短并非特别敏感。

（四）内河游船旅游者的心理动机分析

1. 休闲度假的动机

内河游船是座移动的海上度假村，旅游者选择内河游船旅游的动机主要是借助内河游船这一特殊的旅行交通工具，享受内河游船上极惬意的娱乐化旅程和各种设施与活动，达到放松身心、回归自我的目的。

在内河游船旅游过程中开、装行李只有一次，用不着到处找旅馆和用餐的地方，内河游船旅游最大限度地减少了游客需要操心的事务，消除了游客的紧张感，并最大限度地增加了游客的实际假期时间。

2. 探索新奇的动机

人们对未知的事物总是充满了好奇心，有探索其奥秘的愿望。在现代社会中，信息传递手段的发展日新月异，人们足不出户就可以看到五彩缤纷的外部世界，了解到各国风情。然而这不但不能满足人们探索的需要，反而进一步激发了人们要身临其境、亲身体验的欲望，旅游为人们提供了满足探索需求的机会。内河游船旅游通常覆盖面积广，沿途也有很多新奇有趣的地方可以停留。通过内河游船旅游活动，可以在世界各地寻求不同的经历和体验，领略异域的各种独特风光，了解异地的人文风情、风俗传统，等等。

国际邮轮协会（CLIA）的一项研究显示，超过 80% 的内河游船旅游者将内河游船旅游看作迅速游览多个度假胜地，这种方式可以让旅游者同时考察多个旅游目的地以便将来可以选择自己感兴趣的目的地故地重游的。

3. 享受高自由度、高品质生活的动机

如今很多旅游者不再单纯地追求观光旅游的单景点旅游方式，而是希望在旅游活动当中能够追求更多的放松、舒适、休闲、娱乐和消遣，追求完善的设施、高规格的服务。内河游船旅游在满足游客多样化需求方面有四大优势：一是内河游船上设施和服务齐备，内河游船和旅途本身就是重要的拉力因子，常常被看成是一个独立的目的地；二是内河游船消费 90% 以上都是提前一次性支付，消费项目风险较小；三是除内河游船自身提供的项目和服务外，众多停靠港能够提供丰富多彩的娱乐活动和观光内容，此时游客既可选择在停靠港离船游玩，又可以一直待在游船上自娱自乐，服务选择性强，活动自由度高；四是内河游船旅游是一次浪漫的经历，是高品质生活的象征，内河游船旅游是一种近似贵族的旅游方式。

4. 追求快乐的动机

愉悦快乐的感受是人人都向往的，也是驱使人们参加旅游活动的一个重要动力，旅游消费过程中行、游、住、食、购、娱的每一个环节，无不能带来乐趣与愉悦，旅游也日渐成为现代人的一种生活方式，成为人们体验快乐和愉悦的一种主要方式，而每一次内河游船旅游活动给人们留下的美好经历和回忆，又成为人们策划下一次旅游活动的动力。

5. 提升文化修养的学习动机

探求异地文化也是旅游者选择内河游船出游的动机之一。旅游者的目的不仅仅是在航行过程中享受一段美好时光，也想学到一些有关游览港口的新知识，想了解游览线路所到之处的历史文化，甚至期望有专门的内河游船公司安排其修学旅游产品，推出与教育结合的旅游产品，为其提供一种被称为考察的旅游产品等。获取新知识、增长见识、丰富阅历是人们外出旅游的又一个动机，人们认识到单凭书本和媒体介绍的信息来了解世界是远远不够的，而旅游是一本学习百科全书，通过旅游活动可以学到平时学不到的直观生动的知识。

三峡及其库区不仅有丰富的自然景观，更有深厚的历史文化沉积，这正是游船旅游可利用的资源。大力开发库区文化资源，设计出丰富的游船旅游产品，为游船旅游注入更多的文化内涵，满足游客的文化需求，是长江三峡游船旅游选择的发展新路。

6. 社会交往的动机

社会交往是人的本性，通过旅游人们可以结交新朋友、探亲访友、寻根问祖、得到团体的接纳，从而满足个体对归属感和爱的需求。在现代社会中，尽管人们的物质生活日益丰富，但高效率的工作模式带来的重要影响，就是人与人之间的交往日益减少。高度信息化的网络世界使人们生活在一个虚拟的环境中，这使人们的孤独感日益加重。经过一段紧张繁重的工作之后，人们迫切需要通过人际交往寻求友爱和亲情。在一个普遍采用高新技术的社会当中，到处都需要补偿性的深厚感情。社会发展的高技术越多、越高，就越需要创造有深厚感情的人际环境，也就是需要用人的柔性来平衡高科技、高技术的刚性。内河游船旅游为旅游者提供了更合适的机会。

7. 超高性价比的动机

当游客将内河游船旅游花费与之前参加的一次类似的旅游花费相比，就会发现内河游船旅游产品价格十分便宜，其价值也显而易见了。内河游船旅游产品一般是用餐、住宿、游览等服务一价全包的旅游产品，消费者购买旅游产品时清楚地知道其旅游全程中大部分内容的花费。但内河游船旅游产品的报价差异较大，在公司与公司之间、内河游船与内河游船之间，甚至线路与线路之间都有所不同。无论是哪种类型的游客，携家带口的、单身一人的、年老的、年轻的、已婚的、未婚的、运动爱好者、渴求知识者、观光的、度假的、公司会议的、奖励旅游的，都能够感到内河游船旅游的舒适和惬意，而其他类型的旅游很少能如此令人满意。根据 CLIA 的行业分析报告，参加过内河游船旅游的 57% 的游客会在游览结束后一年的时间内再次参加，而 89% 的游客则会在游览结束后两年内再次参加内河游船旅游，97% 的游客会在游览结束后三年内再次参加内河游船旅游。另一项市场调研数据显示，已经参加过内河游船旅游的游客中，18% 的游客对于内河游船旅游比其他出游方式有更显著的偏好，69% 的游客觉得内河游船旅游比陆上旅游性价比更高。

不论旅游者是出于何种动机参加内河游船旅游，准确把握旅游者的出游动机及其心理特点，有助于内河游船公司开发设计出受市场欢迎的产品，有助于提高内河游船服务和管理质量，从而提高旅游者的旅游体验和内河游船的综合经济效益。

M8-1 内河
游船客情
管理与
维护

🌱 知识拓展

2021 年，长江三峡游船共计发班 3269 艘次，为 2019 年的 55.32%，为 2020 年的 177.95%；共计完成客运量 61.78 万人，为 2019 年的 55.67%，为 2020 年的 256.77%。全年游船平均负载率为 56.32%，较 2019 年下降 6.4 个百分点，较 2020 年上升 11.63 个百分点。

知识检测

简答题

（1）内河游船旅游者的人口统计学特征有哪些维度？

（2）简述内河游船旅游者的心理动机。

（3）简述按旅游目的划分，内河游船旅游者可以划分的类别。

（4）简述内河游船旅游者的主要类型。

（5）简述内河游船旅游者的定义。

任务实施

1. 实训目标

通过对内河游船游客的基本情况的调研，掌握内河游船游客的基本构成、消费偏好等。

2. 实训内容

以小组为单位，对我国内河游船的游客进行调研，调研内容为地域、年龄、消费水平和消费偏好等，样本至少 20 份。

3. 实训步骤

（1）组建调研小组，设计调查问卷；

（2）实地或者网络调研；

（3）整理调研结果。

4. 实训评价

调研问卷填写表

问卷结构	内容
标题	
问卷说明	
正文	
结尾	

学生自评——职业素养

序号	素养自评内容	评价标准	达标	未达标
1	协作意识	团队分工明确，沟通顺畅，共同完成实训任务		
2	自学能力	能够借助网络资源自主学习确定调研对象，完成问卷设计		
3	创新精神	思路开阔，提出可行性建议		

教师评价——职业素养

序号	素养评价内容	评价标准	达标	未达标
1	协作意识	团队分工明确，沟通顺畅，共同完成实训任务		
2	自学能力	能够借助网络资源自主学习确定调研对象，完成问卷设计		
3	创新精神	思路开阔，提出可行性建议		

✿ 课后提升

案例：游船大范围停航，还在正常运营的游船载客率低

目前中国游船旅游市场渗透率只有 0.1%，国内市场具有较大的增长潜力。这两年受疫情影响，游船大范围停航，产业受损严重。专家表示，虽然面临疫情阵痛，但长期来看游船旅行发展前景广阔，国内市场具有较大的增长潜力，面对疫情挑战，游船行业应积极求变，打造更具吸引力的旅游产品。

1. 游船即旅游目的地

游船是沿水上旅游线路航行、在一个或数个观光地停泊的大型客运轮船。除了是交通工具和住宿地，游船本身的娱乐设施和服务也是游船旅行的重要内容。

2. 中老年游客是内河游船旅行主力军

长江三峡航线西起重庆、东至湖北宜昌，沿途经过神农溪、白帝城、三峡大坝等知名景点，是国内知名度很高的内河游船航线。因为游船旅行比较方便，游客无须为食宿和行程安排操心，而且节奏相对较慢，中老年游客（50 岁以上）是游船旅行主力军，占比超 30%。

受疫情影响，截至 2021 年 11 月 4 日，12 家经营跨省三峡游的客运企业已全部停航，部分游船遭遇还未复航就已结束的尴尬局面。目前，国内虽有部分港口城市的游船还在正常运营，但由于疫情防控，满载率低、运营压力较大。

北京联合大学中国旅游经济与政策研究中心主任曾博伟认为，对于游船旅行产业来说，疫情带来的既有挑战也有机遇。国内游船产业可以借此时机扩展经营思路，如打磨游船产品、开发经典旅游线路，吸引更多消费者，也要重点打造游船品牌、提升游船制造技术，为疫情之后行业复苏做足准备。

思考题：面对疫情，内河游船产业有哪些举措来应对危机？

任务2　掌握内河游船旅游者的消费特征及产品购买障碍

我国内河游船旅游者的消费特征近 10 年来发生了很大的变化，但仍有相当一部分的旅游者未选择内河游船旅游。旅游者对选购内河游船旅游产品存在一定的疑虑和担忧是非常正常的，通过学习和分析内河游船旅游者的消费特征和产品的购买障碍能更好地促进内河游船的发展。

M8-2 内河
游船客情
概况

☰ 任务简介

1. 任务描述

认知我国内河游船旅游者的消费特征；认知我国内河游船旅游者的产品购买障碍。

2. 任务要求

帮助旅游者在选购内河游船旅游产品时打消疑虑，更为正确地了解内河游船旅游的特征。

3. 学习目标

（1）知识目标：会分析我国内河游船旅游者的消费特征和旅游者购买内河游船旅游产品的常见阻碍因素。

（2）能力目标：能针对内河游船旅游者的消费特征和购买内河游船旅游产品的阻碍因素提出有效的应对措施。

（3）素养目标：树立对内河游船旅游者消费特征的认知；培养探索及创新精神和解决问题的能力。通过在学习过程中融入中华传统美德、文化自信等内容，提升学生政治素养与文化素养。

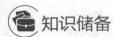 知识储备

（一）内河游船旅游者的消费特征

1. 国内外不同内河游船旅游者的消费特征分析

（1）国外内河游船旅游者的消费特征

根据 2018 年北美内河游船市场研究报告，北美市场的主要消费群体平均年龄为49 岁，年龄在 30 ～ 39 岁，50 ～ 59 岁，60 ～ 74 岁的区间内分布，按 1/15 的比例依次减少。超过 1/3 的游客年收入在 10000 ～ 199000 美金之间，28% 的游客年收入在 60000 ～ 69000 美金之间，样本总体平均家庭年收入为 114000 美金。

（2）我国内河游船旅游者的消费特征

调查显示，游船旅游者信息来源的主要渠道是网络，比例为 48.9%，其次是朋友介绍，占 15.6%。游客决策的主要依据是"服务质量承诺"，比例占 53.1%，说明服务质量的优劣仍然是游客最看重的，它直接影响游客的满意度和价值获得感；选择"产品价格"作为决策依据的占 20.6%；选择"企业品牌"作为决策依据的仅有11.3%，说明内河游船企业在游客心目尚未形成鲜明、独特的形象定位。

2. 内河游船旅游者消费内容的特征分析

（1）内河游船旅游天数

内河游船游客主要选择短期航线，相较于海上邮轮 10 天以上的航线，我国内河游船航线主要为 1 ～ 5 天。

（2）内河游船旅游时间段

内河游船游客对于出游月份的选择较为分散，但北半球 5 月份～ 10 月份需求较高，主要原因是气候比较适合，不会过热或者过冷。总体来讲，夏、秋季的需求较春、冬季更多。

（3）内河游船旅游偏好

在娱乐活动偏好方面，各类歌舞秀表演较受欢迎；在饮食偏好方面，特色餐厅或自助餐厅较受欢迎；在岸上活动偏好方面，港口目的地的自然风光游较受欢迎。

此外，中外旅游者对我国内河游船产品也存在感知差异。国内外游客对我国内河游船产品旅游形象感知存在差异的具体表现为以下四个方面。

① 国内游客感知侧重人文类旅游吸引物，国外游客偏重自然类吸引物，这与国内外游客的文化差异有关。

② 游船设施与环境中，国内外游客感知偏好大致相同，国外游客对餐饮质量与环境的感知比重较大。

③ 国外游客重视内河游船旅游中的语言环境、生态环境等旅游软环境，对当地居民、同行游客及社区生活方面感知薄弱，这与国内游客相反。

④ 国内游客对旅游服务中的地方餐饮印象深刻，而国外游客感知薄弱。

（二）购买内河游船旅游产品的常见消费障碍

1. 内河游船旅游属于贵族游，内河游船旅游产品价格高

通过对消费者的问卷调查，内河游船旅游的昂贵费用是购买内河游船旅游产品的最大障碍，这是因为内河游船旅游产品大多是包价产品，包含了旅游过程中的大部分或者全部食、住、行、游、购、娱的费用，所以标价就会很高。

2. 担心晕船

某些游客担心在内河游船上乘船旅游时会晕船，从而对乘坐内河游船旅游产生抗拒心理。实际上现在的内河游船旅游中很少会有这种不适感，这是因为：现代内河游船的稳定一致以及其他设计特点，可使该问题的影响降低到最低程度；内河游船往往在受保护的水域航行，产生颠簸摇晃的可能性较小。

3. 内河游船的水上安全问题

很多游客对内河游船旅游的安全性存有疑虑，认为内河游船不如陆地酒店安全。实际上泰坦尼克号式的灾难在今天几乎不可能再发生了，因为现代内河游船配备了更加安全的雷达操作系统和救生设施。

 知识拓展

2017年欧洲内河游船旅游市场游客国别及人数统计

2017 年，来自世界各地乘坐欧洲内河游船的游客达 173 万人次，其中 29% 的游客来自美国和加拿大，占比最多。此外，按游客由多至少排名前三位的游客来源国分别是德国、英国、爱尔兰，来自澳大利亚和新西兰的游客数量增长最快。2017 年欧洲内河游船旅游市场游客国别及人数统计见图 8-2。

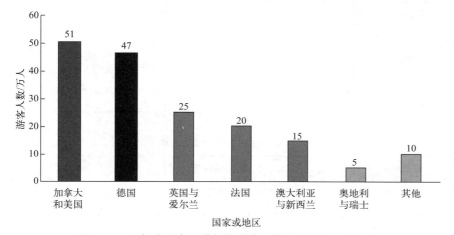

图8-2　2017年欧洲内河游船旅游市场游客国别及人数统计

知识检测

1. 简答题

（1）简述我国内河游船旅游者做决策时的影响因素。

（2）简述旅游者在购买内河游船旅游产品时，常见的阻碍因素。

（3）简述内河游船旅游者的偏好。

（4）简述国内外游客对我国内河游船产品旅游形象感知存在差异表现在哪些方面。

2. 多项选择题

以下_____技术使现代内河游船水上行驶更安全。

A. 雷达操作系统　　B. GPS 定位系统　　C. 监控系统　　D. 救生设施

任务实施

1. 实训目标

通过对各大 OTA 上旅游者购买内河游船旅游产品的评价，分析我国内河游船游客的消费障碍。

2. 实训内容

以小组为单位，对内河游船产品的评价进行搜集和分析，调研内容为满意度、购买障碍等，样本至少 20 份。

3. 实训步骤

（1）组建调研小组，设计调查问卷；

（2）实地或者网络调研；

（3）整理调研结果。

4. 实训评价

调研问卷填写表

问卷结构	内 容
标 题	
问卷说明	
正 文	
结 尾	

学生自评——职业素养

序号	自评内容	评价标准	达标	未达标
1	协作意识	团队分工明确，沟通顺畅，共同完成实训任务		
2	自学能力	能够借助网络资源自主学习，确定调研对象，完成问卷设计		
3	创新精神	思路开阔，提出具有可行性建议		

教师评价——职业素养

序号	素养评价内容	评价标准	达标	未达标
1	协作意识	团队分工明确，沟通顺畅，共同完成实训任务		
2	自学能力	能够借助网络资源自主学习，确定调研对象，完成问卷设计		
3	创新精神	思路开阔，提出具有可行性建议		

 **课后提升**

案例：欧洲游船公司推出45天超长欧洲内河游船航线

内河游船 AmaWaterways 2021 年 3 月推出了一条长达 45 晚的史上最长的内河游船航线！这条航线将会沿着欧洲著名的七条河流穿过 14 个国家或地区。总共有 3 个航期，第一个航程从 2023 年 6 月开始，整个航程从法国开始，途经塞纳河、罗纳河、索恩河、莱茵河、摩泽尔河、美因河和多瑙河，最后到保加利亚结束。

整个行程为：先在法国塞纳河上度过七个晚上，然后乘坐 TGV 火车从巴黎到里昂。在那儿，客人将登上 AmaKristina 航行在罗纳河和索恩河上，然后转移到巴塞尔。行程中的莱茵河部分将花费三个星期，从巴塞尔乘 AmaPrima 航行到阿姆斯特丹。该船将在摩泽尔省绕行至卢森堡，在美因河上绕行至纽伦堡。客人将转移到德国 Vilshofen 的多瑙河，并沿黑河一路直达罗马尼亚。整个巡游中需要三次陆路过境转乘不同的船只。

AmaWaterways 总裁兼联合创始人称，这个航程是满足新冠大流行后人们对内河旅行的回归渴望。

这个全程 45 晚的超级欧洲内河游轮之旅普通客舱的起价为 21061 英镑每人（约 17 万人民币），阳台房的起价为 27983 英镑每人（约 23 万人民币），不含机票。

欧洲尚远，还没有体验过内河游船长航线的国内朋友倒是可以先去体验一下我们自己的长江航线。推荐一条 15 天 14 晚的长江游船之旅：世纪游船上海—重庆航线，纵横万里长江，品味半个中国。

思考题：请问 45 天超长的线路产品对长江水域内河游船产品有何启发？

M8-3 内河游船客情分析

任务3　掌握与内河游船旅游者建立良好宾客关系的方法

任务简介

1. 任务描述

掌握与内河游船旅游者沟通的技巧。

2. 任务要求

能与内河游船旅游者建立良好宾客关系。

3. 学习目标

（1）知识目标：了解与内河游船宾客沟通的方法。

（2）能力目标：能与内河游船宾客良好沟通。

（3）素养目标：有为内河游船旅游者提供高质量服务的意识。通过任务学习，增强学生对他人的人文关怀。

 知识储备

（一）正确认识与游客之间的宾客关系

要与内河游船上的游客建立良好的宾客关系，就要对游客有正确的认识，正确理解内河游船员工与游客之间的关系。

1. 认识游客的身份

（1）游客是服务的对象

在内河游船旅游的客我交往中，双方扮演着不同的社会角色，服务人员是服务的提供者，而游客则是服务的接受者。内河游船服务人员在工作中始终都不能忘记这一点：所有与提供服务相违背的事情都是不应该做的，要尽最大的努力提高游客在游船上的体验。

（2）游客是具有情绪化的自由人

服务人员要充分理解、尊重和满足游客作为人的需求，并且对游客的"不妥之处"要多加宽容、谅解。

例如一位游客在餐厅喝多了，一位男服务生走上前问候并想搀扶他，但游客反而对服务人员大发脾气，强调没喝多。服务员仍搀扶他回房，并帮他脱掉鞋子和外衣，随后盖好被子、关好房门才离开。

在游客的行为不超越法律的范畴时，服务人员要学会宽容游客，设身处地地为游客着想，用换位思考的方式来处理这些问题，才能使服务工作做到位。

（3）游客是绅士和淑女

谈及曾否遇到过特别粗鲁的游客时，丽思·卡尔顿（the Ritz-Carlton）酒店的一位经理曾对酒店的培训生讲道："如果你善待他们，他们自然也会善待你。切记，你们要以绅士和淑女的态度为绅士和淑女们提供优质服务。"

2. 跟游客相处时的忌讳

（1）不对游客评头论足

任何时候，都不要对游客评头论足，这是极不礼貌的行为。无论是被谈论的当事人还是他人听到，都会让人对游船服务的专业性产生怀疑。

（2）不跟游客争输赢

服务人员在游客面前不要争强好胜，不要为一些小事与游客比高低、争输赢。不要跟游客发生争执，这是很不明智的，因为即使服务人员赢了，却得罪了游客，使游客对服务人员和内河游船服务不满意，实际上还是输了。

（3）不跟游客讲道理

在与游客的交往中，服务人员是为游客提供服务的，是不应该去对游客说理的。尤其是当游客不满意时，不要为自己或部门辩解，而是立即向游客道歉，并尽快帮游客解决问题。如果把服务停下来，把本该用来为游客服务的时间用来对游客说理，肯定会引起游客的反感和不满。

（二）掌握与游客沟通的技巧

1. 游客对酒店产品的需求心理

游客在内河游船上的这段时间，实际上是在过一种日常生活之外的生活，是从"第一现实"走进"第二现实"，不管他们是否清楚地意识到，实际上都必然存在"求补偿"和"求解脱"心理。"求补偿"心理就是要在日常生活之外的生活中求得他们在日常生活中未能得到的满足，即更多的新鲜感、更多的亲切感和更多的自豪感。"求解脱"心理就是要从日常生活的精神紧张中解脱出来。

要使游客解脱，体验更多的新鲜感、亲切感和自豪感，作为服务人员不仅要为游客提供各种方便，帮助他们解决各种实际问题，而且要注意服务的方式，做到热情、周到、礼貌、谦恭，使其感受到几乎从未有过的轻松、愉快、亲切、自豪。

2. 对客沟通技巧

主动、规范的沟通行为，是提高内河游船接待质量及内河游船服务质量的重要途径，也是建立良好宾客关系的重要环节。

（1）重视对游客的心理服务

内河游船为游客提供双重服务，即功能服务和心理服务。功能服务满足消费者的实际需要，而心理服务就是除了满足消费者的实际需要以外，还要能使消费者得到一种"经历"。从某种意义上讲，游客就是花钱买"经历"的消费者。游客在内河游船上的经历，其中一个重要的组成部分就是他们在这里所经历的人际交往，特别是他们与内河游船服务人员之间的交往。这种交往常常对游客能否产生轻松愉快的心情、能否带走美好的回忆起着决定性的作用。所以，作为服务人员，只要能让游客经历轻松愉快的人际交往过程，就是为游客提供了优质的心理服务，就是生产了优质的"经历产品"。

总而言之，内河游船员工如果只会对游客微笑，而不能为游客解决实际问题当然不行，但如果只能为游客解决实际问题，而不懂得要有人情味儿，也不可能使游客满意。

（2）对游客要热情周到

礼貌待客只能防止和避免游客不满意，而热情周到、嘘寒问暖的服务才可能让游客满意，有意识地把"出风头的机会"全都让给游客，就可以让游客满意又惊喜。如果说内河游船是一座"舞台"，服务员就应自觉地去让游客"唱主角"，而自己则"唱配角"。

（3）对待游客，要善解人意

要给游客以亲切感，除了要做"感情上的富有者"以外，还必须善解人意，即能够通过察言观色，正确判断游客的处境和心情，并能根据游客的处境和心情对游客作出适当的语言和行为反应。

（4）艺术地对游客说"不"

要讲究语言艺术，特别是掌握说"不"的艺术，要尽可能用肯定的语气去表达否定的意思。比如，可以用"您可以到那边去吸烟"代替"您不能在这里吸烟"；"请稍等，您的房间马上就收拾好"代替"对不起，您的房间还没有收拾好"。在必须说"不"时，也要多向游客解释，避免用钢铁般生硬、冰冷的"不"字回绝游客。

（5）否定自己，而不要否定游客

在与游客的沟通中出现障碍时，要善于首先否定自己，而不要去否定游客。比如，应该说"如果我有什么地方没有说清楚，我可以再说一遍"，而不应该说"如果您有什么地方没有听清楚，我可以再说一遍"。

（6）投其所好，避其所忌

游客有什么愿意表现出来的长处，要助他表现出来，反之，如果游客有什么不愿意让别人知道的短处，则要帮他遮盖或隐藏起来。比如，当游客在内河游船上出洋相时，要尽量帮游客遮盖或淡化，绝不能嘲笑游客。

（7）不能因为与游客熟，而使用过分随意的语言

内河游船不仅是交通工具，也是移动的酒店，服务人员和游客在旅途中有较长的相处时间，服务人员可能会因为和游客之间熟稔的关系而疏忽双方之间的安全社交距离。例如见面的问候不再是"您好"，而是"哇！是你呀！"，服务也由"格式"化变成"朋友"化了。这会导致沟通失误，甚至造成严重后果。

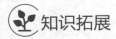 知识拓展

皇家加勒比内河游船的"金锚服务"

皇家加勒比内河游船提供的服务被称为"金锚服务"（Gold Anchor Service），它是"锚定卓越"理念的最好体现。"金锚服务"超越了传统服务模式，让所有游客都能经历一次令人难忘的旅程。或许是调酒师记得多加一枚橄榄，又或是私人管家提醒游客的晚餐预定时间，更或者是服务生记得游客女儿玩具熊的名字，都会让皇家加勒比内河游船上的游客感受到宾至如归的感觉。

知识检测

简答题

（1）简述与游客沟通的技巧。

（2）简述如何委婉拒绝游客的无理要求。

（3）简述与游客相处时的忌讳。

任务实施

1. 实训目标

处理游客投诉。

2. 实训内容

通过训练，使学生能掌握处理游客投诉的程序和注意事项，并能根据投诉处理的程序熟练地解决游客投诉，与游客建立良好的宾客关系。

3. 实训步骤

（1）组建调研小组，在 OTA 上搜集内河游船旅游产品的差评，每组至少 3 条；

（2）分析每一条差评的产生原因，提出解决办法；

（3）撰写差评处理报告。

4. 实训评价

调研问卷填写表

问卷结构	内容
标 题	
问卷说明	
正 文	
结 尾	

学生自评——职业素养

序号	素养自评内容	评价标准	达标	未达标
1	协作意识	团队分工明确，沟通顺畅，共同完成实训任务		
2	自学能力	能够借助网络资源自主学习，确定调研对象，完成问卷设计		
3	创新精神	思路开阔，提出具有可行性建议		

教师评价——职业素养

序号	素养评价内容	评价标准	达标	未达标
1	协作意识	团队分工明确，沟通顺畅，共同完成实训任务		
2	自学能力	能够借助网络资源自主学习，确定调研对象，完成问卷设计		
3	创新精神	思路开阔，提出具有可行性建议		

课后提升

案例：重视客人的"求平衡"心态

某日傍晚，游客结束了岸上游览回到游船后，旅游团的一位游客光着脚来到大堂，怒气冲冲地投诉客房服务员，引来许多客人好奇的目光。

原来，早晨这位游客要求客房服务员为房间加一卷卫生纸，但服务员记录后没有向接班服务员强调。结果，下一班次的服务员看到客房卫生间内还有剩余的半卷卫生纸，就未再加。

值班经理和客房部经理很快赶到了，他们为顾客送来舒适的拖鞋后安慰客人："我们的服务是有做得不够好的地方，请您消消气，我们到会客室里面坐下来谈，好吗？"值班经理耐心地向客人询问了整个事件的经过和解决问题的具体意见，最后值班经理代表游船向旅游团的每个房间都派送了一卷卫生纸，并向这位客人赠送了致歉果盘。事后，经向该团导游了解，这位游客因对旅行社当天的行程等一些事情安排不满，故心情不好，亦是其中原因之一。

案例分析：

从心理学的角度来分析，此案例首先是消费者心理个性的特殊反映。因为消费者的心理随时受到社会环境及个人情感、情绪的影响。当他们将个人的情感、情绪带到游船后，就必然会影响到整个消费过程。由于客房服务员之间的沟通出现问题，导致客人因为半卷卫生纸而大动肝火。事情虽小，但由于客人心情和心理原因，出现的后果和产生的不良影响却很严重。正所谓心随境转，可能客人在情绪比较正常的状态下，打电话与客服中心联系就可以解决问题。但这时候，客人的心里不舒服、正憋着气，这半卷卫生纸无疑就成了客人不良情绪宣泄的一条导火线。

在对客服务中，应时刻关注客人消费时的"求平衡"心理状态：一方面，客人要通过消费、放松，以舒缓日常生活中的压力。以经营度假村而闻名于世的"地中海俱乐部"的创始人之一特里加诺说过："以前，人们注意的是使身体得到调理，增强体力，以便重新投入工作。今天，身体状况已经得到改善，头脑却过于紧张。主要的问题是精神高度疲劳。所以，人们需要用另一种生活方式来加以调剂。"现代人为什么要求得到心理平衡？因为现代人最沉重的负担，不是体力上的，而是精神上的。对于这一点，作为酒店的经营者和服务人员，都应给予足够的重视。千万不要小看客人对半卷卫生纸、一个指甲锉、一张创可贴的需求，客人的需求是"另一种生活方式"。另一方面，在消费过程中，客人也需要保持必要的心理平衡，借此获得社会的尊重，并体现自我的尊严或体现自己的社会地位。所以客人都希望能在整个消费过程中，获得轻松、愉快的享受，借此来舒缓日常生活中的压力。

此外，我们在处理客人的投诉过程时，应有正确的认识，才能做出正确的处理。首先，必须认识到客人肯来投诉，对游轮而言，实在是一次纠正错误的好机会。千万不能把客人的投诉当作有意挑剔或鸡蛋里面挑骨头，应尽可能满足客人的要求。如本案例客人投诉说："你们的服务简直糟透了。"值班经理和客务经理没有因这样极端的说话而生气，反而先为客人拿来拖鞋，并真诚地向客人道歉，以此来缓和客人的态度。

在处理投诉时，还必须做到诚恳耐心地倾听投诉，在听的同时表示出同情，争取在感情上和心理上与投诉者保持一致，千万不要话还没听完就开始为自己作解释或辩解，这很容易引起投诉者的反感。

M8-4 2021年
长江三峡
游船游客
大数据
分析

多数客人都是讲道理的，即使遇到个别因不了解情况产生误会或爱挑剔的客人，也要本着"宾客至上""宾至如归"的宗旨，以平常心去对待客人和理解客人，在不影响其他客人的情况下，有意让客人通过发泄，使其不平静的心情逐渐平静下来，这样有利于弄清事情的来龙去脉和问题的顺利解决。

要想赢得客人的满意，就要让他们在这里获得轻松愉快的经历，就必须让客人在与工作人员的交往中，真正获得一种"就像回到自己家里"的感觉，特别是在消费过程中经历轻松愉快的人际交往。

项目九　内河游船的发展前沿

　　长江经济带现已形成中国规模最大的内河游船群和较为完整的游船服务体系，长江经济带内河游船业创新发展具有资源禀赋良好、客源市场充足、产业体系完善、具备消费高品质游船能力的人群不断壮大等明显优势，出境和国际游船中高端消费部分转向长江内河游船。因此，大部分内河游船推出国内长线游船产品，以满足游客对于高端产品的需求，推动消费升级。

任务1　了解内河游船的发展前沿

任务简介

1. 任务描述

　　了解我国内河游船的发展现状。

2. 任务要求

　　了解我国内河游船的类型、技术革新方向，选择一艘 3 年内新投入使用的游船分析其特色。

3. 学习目标

　　（1）知识目标：掌握智慧游船的定义和类型；会分析内河游船的发展方向和新型游船对服务的新要求。

　　（2）能力目标：能根据新型内河游船的现状开展咨询服务、产品推介服务、预订行程服务和售后服务等。

　　（3）素养目标：有与组员协作完成学习任务的意识，培养良好的表达能力、沟通能力与协调能力。通过新技术优化游客体验，激发学生在新技术、新能源发展背景下自我提升的愿望。

知识储备

　　智慧旅游概念的提出使游客对旅游活动的便捷度、舒适度提出了新的要求。游船出行涵盖了食、住、行、游、购、娱六大要素。智慧游船是指在游船上利用云计算、物联网等新技术，通过互联网、移动互联网等，借助便捷的终端上网设备主动感知旅游资源、旅游经济、旅游活动、旅游者等方面的信息并及时发布，让游客们能够及时了解这些信息，以便组织和调整在游船上的旅游活动，提高旅游舒适度。

M9-1 智慧游船的概念及发展现状

（一）智慧游船发展的主要方向

1. 信息感知技术

船舶信息感知是指船舶能够基于各种传感设备、传感网络和信息处理设备，获取船舶自身和周围环境的各种信息，包括船舶航速、航向、时空位置等的变化等，使船舶能够更安全、可靠航行的一种技术手段。目前，常用的船舶状态感知技术手段有雷达、船舶自动识别系统（AIS）、全球定位系统、闭路电视系统（CCTV）等。信息感知技术是智能技术的基础，在智能模块中负责信息收集，为智能分析提供数据基础。例如，在智能航行模块中，信息感知技术利用传感器、通信、物联网、互联网等技术手段，自动感知和获得船舶自身、海洋环境、物流、港口等方面的信息和数据，供航行中心进行大数据处理、计算机分析和自动控制；在智能船体模块中，信息感知技术实现了对船体结构安全参数的监测以及海洋环境参数监测，从而对智能船体起到支持作用；在智能能效管理模块，信息感知技术负责船舶能效在线智能监控并进行数据反馈。

2. 安全预警技术

船舶遇险预警及求救系统是指船舶在遭遇恶劣航道、天气或其他特殊情况时能够对船舶航行姿态进行实时监测和预警，并能在船舶发生倾覆等突发情况时自动向监控中心或周围船舶发出求救信号，指引搜救人员和船舶前往遇难遇险船舶开展救助的方法手段。遇险预警救助技术是智能集成平台以及智能货物管理模块所搭载的关键技术。该项技术减轻了江河上环境监测对人员的依赖性，并提高了风险预警率，及时控制事故的蔓延，提升工作效率和船上人员财务的安全性。

3. 通信导航技术

通信技术是用于实现船舶上各系统和设备之间，以及船舶与岸站、船舶与航标之间信息交互的技术。常用的通信方式主要包括：海事电台、海事卫星、移动通信网络（手机网络）等。导航技术是用于指导船舶从指定航线的一点运动到另一点的技术，通常包括定位、目的地选择、路径计算和路径指导等过程。船舶常用的导航技术包括早期的无线电导航和现在广泛使用的卫星导航。我国北斗卫星导航系统的实际应用为船舶导航领域提供了新的发展契机。

4. 智能营销技术

通过大数据等技术实现智能营销。分析游客的喜好、需求、消费习惯、消费频率等数据，整合、改进游船的宣传及营销方式，并合理运用于船票售卖、船内旅游商品售卖等方面。

5. 物化导游技术

合理利用 VR、AI、5G 等先进技术将传统导游员实地讲解无法展现的旅游资源进行技术呈现，使游客通过眼、耳、手、鼻等多渠道获得更加清晰、逼真的感观认知，提升旅游满意度。

（二）新能源游船的类型

已经被广泛利用的煤炭、石油、天然气、水能等能源，为常规能源。在我国可以形成产业的新能源主要包括氢能、风能、生物质能、太阳能、地热能等，均是可循环利用的清洁能源。新能源产业的发展既是整个能源供应系统的有效补充手段，也是环境治理和生态保护的重要措施，是满足人类社会可持续发展需要的最终能源选择。

1. 氢能

氢能的优势为：第一，资源丰富。地球上的水经过一定的技术处理后就能产生氢气，而地球上有着丰富的水资源。第二，氢能的获取方法多样。比如通过对水、石油、太阳能、风能的利用获取氢能。第三，也是最重要的优势，即，氢气燃烧不会产生污染环境的物质。

现如今，已有一些游船利用氢能在电池和涡轮机上进行转化提供动力，降低传统柴油能源带来的水和空气污染。

2. 太阳能

太阳能取之不尽用之不竭，是重要的可再生资源。搭载太阳能电池的船舶具有经济性好，噪声低、振动小，机舱布置灵活，安全性好，有利于船舶控制环境污染等优点。

3. 锂电池

以磷酸铁锂电池为代表的新能源动力比传统动力更加节能、环保。游船采用锂电池后，较现有传统铅酸蓄电池推进游船续航力将大幅提高；传统铅酸电池正极和负极由铅及其氧化物组成，电解液为硫酸，在生产使用及回收利用过程中会对水体及土壤生态造成明显破坏，磷酸铁锂电池在产品寿命周期中则不会对人体及环境造成明显破坏；在振动噪声方面，因为电池本身没有振动源，船舶航行时基本零噪声，只有螺旋桨拍动水花的声音等。

M9-2 新能源游船的概念和类型

M9-3 新能源游船的发展前景和运用

（三）长江三峡游船服务发展前沿

长江三峡游船作为我国内河游船发展的代表，既不能简单地等同于酒店，也不同于海上邮轮。作为内河水上旅游的一种重要方式，长江三峡游船旅游正逐步从观光型向休闲型过渡，同时也是海洋邮轮旅游的一种替代。游船作为长江三峡旅游的重要载体，起着重要的主体作用。长江三峡游船不仅仅是乘船旅行到达目的地的工具，也是长江三峡旅游目的地的一部分，其本身更是一个观光娱乐和度假休闲的旅游目的地。

三峡旅游进入了"后三峡时代"。后三峡时代的特点决定了三峡旅游的主体产品，是以游船为主导的观光与观光休闲产品。游船旅游必须注重其产品的活动性、参与性、体验性和休闲性，才能增强游船的吸引力，满足市场的需求。而适应市场需求变化，不仅在于内河游船硬件的更新，新技术的研发与投入，更需要长江三峡游船服务的更新迭代，以期更加适应游船在三峡旅游中的主导作用。因此，打造长江三峡内河游船新型旅游产品，更新旅游服务内容，是适应长江三峡旅游变化，满足休闲度假旅游市场需求，推动长江三峡游船旅游发展的重要基础。

长江三峡游船目的地打造要求游船的功能定位必须目标化，在硬件上要按游船星级标准设置，包括外部装修、内部布局设计及与之相匹配的设施配置，使之功能齐全、设施先进，更具现代水准，适合休闲旅游要求；在软件方面应严格按照星级游船的服务和管理标准，加强游船服务和管理人员的岗位培训，强化服务意识、服务技能和管理能力，严格管理、规范服务，提高服务质量；在活动项目和内容上，则要按旅游六大要素和游客需求进行设计，注重游客在旅游过程中的参与度。

1. 主题定位模式打造游船目的地

所谓主题定位模式，就是游船经营公司根据自身的优势和特征，以及三峡库区环境和不同的市场需求，确定游船的主题，并根据不同的主题定位，从两个层面来打造游船目的地：

① 游船体系的设计建立。根据不同的主题定位，形成多个主题且各具特色的游船系列。如：把欣赏自然风光与了解深厚历史文化结合起来，水陆并用，全面、立体地展示库区的绚丽文化，结合本土巴蜀楚文化交融的特点，以文化为主题进行游船设计。

② 游船旅游产品的开发设计。各系列游船围绕各自不同的主题定位，设计各具特色的游船活动项目、活动内容、线路模式等，最终形成多主题、多层次、多样化的长江三峡游船体系和产品体系，既为不同层次的游客提供了多项选择的空间，又可以拓展长江三峡游船经营盈利的途径。

2. 专业化方式打造游船目的地

游船的专业化打造应从以下几方面入手：一是游船的设计建造专业化，根据游船的主题定位进行专业设计、专业建造，包括游船外形设计（造型应新颖独特给游客强烈的震撼）、内部功能区布局设计（应明确不同功能区域与客人的关系，与服务的运作流程的关系），在视觉效果、功能布局、服务设施设备方面体现专业化，满足游船休闲度假功能需要。二是游船经营管理专业化，强调游船隶属公司总经理、驻船经理、船长、驻船导游的专业资质。三是游船服务专业化，游船服务不仅要注重服务设施的完善，更应注重服务项目的质量，注重服务队伍专业化，服务标准专业化，提高员工的专业意识、专业技能。

3. 提高游船乘游舒适性

舒适性是游客享受游船旅游产品的感受。近年来，新下水的长江三峡内河游船都以海上邮轮的标准提高了自身硬件标准，例如房间面积、游船设备设施等。但提高游船乘游舒适性也是实现游船休闲度假功能的重要目的，各功能区可通过不同方式实现这一目的。

前厅。根据游船主题定位进行设计，区域要划分合理，满足游客活动的要求；注重前厅对客服务中的服务信息系统功能。

客房。用标准间、套间代替传统的船舱式客房，设置专门的观景阳台或更为宽大的窗户以提升游船客房的舒适性；设置专供坐轮椅游客出入的客房，方便残疾人出游；在床垫软硬度、床上用品的质量、噪声的控制、温湿度的要求、窗帘的密闭遮光作用等方面进行把握。

餐饮。设置多个主餐厅及多种类型的风味餐厅或酒吧，并根据游客的生活习惯，合理安排餐饮服务，举办主题餐饮宴会；餐饮区域要求整体设计有专业性，格调高雅、色调协调，有主题文化氛围，对温湿度、照明、背景音乐等亦要有所要求。

公共区域。强调公共区域格调的高雅、独特，环境、装饰的专业性；特别强调酒吧、阳光甲板等区域。

康乐设施。通过丰富游船上的康乐设施和娱乐活动来满足游客的娱乐、休闲需要。

信息技术、计算机系统。船舱提供个人电脑和互联网接入服务，提供 24 小时视频和音频信号。

使用新技术降低噪声和提高舒适度。如安装电力推进装置、中央机舱的柴油发电机组或燃气轮机发电机组，提供全船推进动力和生活用电；船尾安装 360°回转的导流罩式推进器，船首安装侧推器等，尽可能减少振动、降低噪声。

4. 注重游船功能多样化，着重突出度假休闲与观光功能

游船功能多样化首先要通过打造大型化游船来实现。三峡工程竣工后带来航行条件的改善，使游船的船体有了扩展的条件，总吨 5000 吨以上至 8000 吨，甚至万吨级游船成为可能，这为游船增设更为多样、丰富的休闲娱乐项目提供了支持。游船规模越大，所提供的娱乐服务内容越多，也就越能吸引游客。同时，每艘游船的运载能力越大，游船单位建造、运营成本就越少，游船票价就越低，从而降低了游船的消费门槛。但大型化，不能单一地只追求载客量大（因为载客量大意味着客舱增多，就会挤占其他功能区，尤其是休闲、娱乐、观光等公共活动区域，不符合未来游船休闲度假功能的需要）。而是要通过设置如公共活动舱、日光浴甲板、露天游泳池、酒吧、雪茄吧、咖啡厅、购物中心、夜总会、健身中心、图书馆、会议中心、美容厅、电玩（电子游戏机）室、高尔夫球场练习场、滑浪池、攀山墙、网络咖啡吧等，使游船功能多样化。

度假性是三峡游船旅游产品的发展方向。游船产品本身是休闲度假娱乐产品。可通过增加游客人均占有娱乐场所面积，设置阳光甲板、观景阳台、专门的影视厅，餐饮、娱乐活动安排，游客上岸游览及游船主题文化塑造等，突出休闲度假娱乐功能和观光功能。

 知识拓展

长江"世纪荣耀"号基本简介

该游船长 149.99 米，宽 21.2 米，总吨位 1.5 万吨，最大载客量 650 人，总装机容量 5500 千瓦，其中，多项指标创长江乃至世界内河游船记录。

据该游船所属的重庆冠达世纪游轮有限公司相关负责人介绍，随着互联网、大数据分析、人工智能等技术的发展，船舶从"数控一代"向"智能一代"跃进。该游船也体现了"智慧"的特点，其首次在长江游船中使用智能一卡通，囊括了房卡、登离船卡、实名制安检卡、消费卡，在保障客人游程安全的同时，实现一卡轻松畅玩。

同时，该游船还开启了"掌上智慧游轮"：客房智能电视 VOD 系统、手机端游轮服务系统、公共区域的智能发布系统等三大智能化系统，覆盖于游船各个场景。游客手指轻轻一点，便能掌握游船的各项信息，并能快捷便利地享受各种服务。由于采用先进核心技术，能大幅减少废气排放，并大幅降低大功率运行状况下的震动与噪声，客用区域接近静音状态，稳态如履平地。另外，该游船还是长江上首艘装设垃圾粉碎脱干机与撇油器的游船。垃圾粉碎脱干机能将厨房生活垃圾经粉碎脱干后，实现厨房垃圾干湿分开，然后，利用撇油器将生活污水中的油水有效分离，利

用环保技术从源头上实现垃圾分类。所有污水到港回收处理，船上的大型环保处理设备能满足 800 人生活污水达标排放。

"世纪荣耀"号（图 9-1）是获中国船级社认证的第一艘绿色和智能能效的内河游船，也是长江上第一艘取得 EEDI（新船能源效率指数）证书的船舶。该船采用电力推进，并有多种全船减震降噪措施。装备的能耗智能监控系统，能够通过对船舶航行、耗能、装载状态的在线监测，利用大数据分析技术，为游轮经济运营提供辅助决策。

图9-1　内河游船——"世纪荣耀"号

知识检测

简答题

（1）简述新型智慧游船中使用的新技术。

（2）简述游船新能源的类型。

（3）简述长江三峡内河游船提高自身吸引力的途径。

（4）简述长江三峡内河游船提升自身服务水平的途径。

（5）如何提高游船乘游舒适性？

任务实施

1. 实训目标

通过对我国内河游船新形态的调研，掌握我国现在内河游船的主要能源船型、智慧旅游新功能等。

2. 实训内容

以小组为单位，在网络上搜集我国新型内河游船的基本情况，每组至少找到两条 3 年内下水的内河游船。

3. 实训步骤

（1）组建调研小组，搜集新船基本情况及特色；

（2）整理调研材料，准备小组间分享 PPT。

4.实训评价

调研问卷填写表

问卷结构	内容
标 题	
问卷说明	
正 文	
结 尾	

学生自评——职业素养

序号	素养自评内容	评价标准	达标	未达标
1	协作意识	团队分工明确，沟通顺畅，共同完成实训任务		
2	自学能力	能够借助网络资源自主学习，确定调研对象，完成问卷设计		
3	创新精神	思路开阔，提出具有可行性建议		

教师评价——职业素养

序号	素养评价内容	评价标准	达标	未达标
1	协作意识	团队分工明确，沟通顺畅，共同完成实训任务		
2	自学能力	能够借助网络资源自主学习，确定调研对象，完成问卷设计		
3	创新精神	思路开阔，提出具有可行性建议		

课后提升

案例：纯电动豪华游轮——长江三峡1号
长江游船的管理经验

　　长江三峡1号（图9-2）是目前世界上电池容量最大、智能化最先进、核载客位最多的纯电动豪华游轮。船舶采用全钢质焊接结构，船长100米，宽16.3米，型深4米，设计吃水2.3米，排水量2000吨，船舶总吨5035，净吨3021，额定载客量1300人，设计航速22千米每小时，动力电池容量7500千瓦时，续航里程100千米，是工信部高技术船舶科研示范项目和交通运输部交通强国试点项目。长江三峡1号实现了运营零排放的要求，采用纯电推进的方式替代传统内燃机推进方式，具有噪声小、无污染、清洁环保的优点，能够为旅客提供安静舒适的极致观光体验。

图9-2　长江三峡1号

M9-4 智慧游船案例分析：歌诗达的经验借鉴

　　思考题：未来我国内河游船发展趋势有哪些？

参考文献

[1] 甘胜军,孙玉琴.邮轮运营管理［M］.北京：旅游教育出版社，2021.

[2] 郭旭,马丽卿，张莹莹.邮轮游艇服务与管理［M］.北京：海洋出版社，2020.

[3] 倪望清,胡志国.国际邮轮服务与管理［M］.天津:天津大学出版社，2014.

[4] 何晓颖.邮轮服务与管理［M］.北京：机械工业出版社，2015.

[5] 刘义军.邮轮市场营销［M］.北京：旅游教育出版社，2016.

[6] 甘胜军.邮轮港口规划与管理［M］.北京：旅游教育出版社，2016.

[7] 李肖楠，徐文苑.邮轮前厅服务与管理［M］.北京：化学工业出版社，2017.

[8] 皮晖，常新利.邮轮旅游概论［M］.武汉：华中科技大学出版社，2019.

[9] 杨杰.邮轮运营实务［M］.北京：对外经济贸易大学出版社，2012.

[10] 邵明东.邮轮概述［M］.北京：中国铁道出版社，2018.

[11] 刘淄楠.大洋上的绿洲：中国游轮这10年［M］.北京：作家出版社，2019.

[12] 李天元.旅游学概论［M］.天津：南开大学出版社，2014.

[13] 谢彦君.基础旅游学［M］.北京：商务印书馆，2015.

[14] 保继刚，楚义芳.旅游地理学［M］.北京：高等教育出版社，2012.

[15] 陈传康，刘振礼.旅游资源鉴赏与开发［M］.上海：同济大学出版社，1990.

[16] 陈家刚.中国旅游客源国概况［M］.天津：南开大学出版社，2013.

[17] 刘琼英，汪东亮.旅游学概论［M］.桂林：广西师范大学出版社，2010.

[18] 罗明义.旅游经济学［M］.北京：北京师范大学出版社，2009.

[19] 刘敦荣，等.旅游商品学［M］.天津：南开大学出版社，2005.

[20] 王昆欣.旅游资源评价与开发［M］.北京：清华大学出版社，2010.